FACULTÉ DE DROIT DE LYON

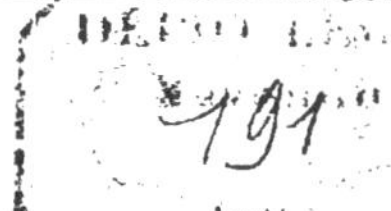

DROIT ROMAIN

DE

L'ACTION PECUNIÆ CONSTITUTÆ

DROIT FRANÇAIS

DE LA SIMULATION
DANS LES DONATIONS

THÈSE POUR LE DOCTORAT

L'ACTE PUBLIC SUR LES MATIÈRES CI-DESSUS

Sera soutenu le jeudi 11 juin, à 1 heure 1/2.

PAR

Philippe BONNECARRÈRE
Avocat à la Cour d'appel de Paris
Lauréat de la Faculté de Droit de Toulouse, 1890-1891
Lauréat de la Faculté de Droit de Lyon, 1892
Lauréat du Concours général de licence, 1892

PARIS
LIBRAIRIE DE LA SOCIÉTÉ DU RECUEIL GÉNÉRAL DES LOIS ET DES ARRÊTS
ET DU JOURNAL DU PALAIS
Ancienne Maison L. LAROSE & FORCEL
22, rue Soufflot, 22.
L. LAROSE, Directeur de la Librairie
1896

THÈSE

POUR

LE DOCTORAT

La **Faculté** n'entend donner aucune approbation ni improbation aux opinions émises dans les thèses ; ces opinions doivent être considérées comme propres à leurs auteurs.

FACULTÉ DE DROIT DE LYON

DROIT ROMAIN

DE

L'ACTION PECUNIÆ CONSTITUTÆ

DROIT FRANÇAIS

DE LA SIMULATION

DANS LES DONATIONS

THÈSE POUR LE DOCTORAT

L'ACTE PUBLIC SUR LES MATIÈRES CI-DESSUS

Sera soutenu le jeudi 11 juin, à 1 heure 1/2.

PAR

Philippe BONNECARRÈRE

Avocat à la Cour d'appel de Paris
Lauréat de la Faculté de Droit de Toulouse, 1890-1891
Lauréat de la Faculté de Droit de Lyon, 1892
Lauréat du Concours général de licence, 1892

PARIS
LIBRAIRIE DE LA SOCIÉTÉ DU RECUEIL GÉNÉRAL DES LOIS ET DES ARRÊTS
ET DU JOURNAL DU PALAIS
Ancienne Maison L. LAROSE & FORCEL
22, rue Soufflot, 22.
L. LAROSE, Directeur de la Librairie
1896

FACULTÉ DE DROIT DE LYON

MM. Caillemer, O.✻, Doyen, professeur de Droit civil.

Thaller, professeur honoraire, professeur de la Faculté de droit de Paris.

Mabire, ✻, assesseur du doyen, professeur de Droit civil.

Garraud, professeur de Droit criminel.

Appleton (**Ch.**), professeur de Droit romain.

Flürer, professeur de Droit civil.

Rougier, professeur d'Economie politique.

Enou, professeur de Droit administratif.

Audibert, professeur de Droit romain.

Cohendy, professeur de Droit commercial.

Berthélemy, ✻, professeur d'Histoire du Droit.

Pic, professeur de Droit international public.

Bartin, professeur de Procédure civile.

Souchon, Agrégé, chargé du cours d'Histoire des doctrines économiques, et d'Histoire du droit public.

Appleton (Jean), Agrégé, chargé du cours de Législation financière.

Becq, Secrétaire.

Président de la thèse : **M. Audibert.**

Suffragants : **MM. Caillemer.**
Pic.
Bartin.

A LA MÉMOIRE DE MA MÈRE.

A MON PÈRE.

A TOUS CEUX QUI ME SONT CHERS.

BIBLIOGRAPHIE

DROIT ROMAIN

Accarias. — Traité de droit romain.
Bruns. — Kleinere Schriften, I.
Ciceron. — Pro Quinctio.
Demangeat. — Traité de droit romain.
Faber. — Rationalia. — *Ad. h. t.*
Flurer. — Thèse.
Haloander. — Digest.
Hasenbalg. — Die Burgschaft des gemeinen Rechts, II. *Constitutum debiti alieni.*
Heimbach. — Anekdota.
Jobbé Duval. — Etude sur l'histoire de la procédure civile chez les Romains.
Kappeyne van Coppello. — Abhandlung über constituta pecunia. — *Trad. Conrat.*
Keller. — Les Actions chez les Romains.
Lenel. — Edictum Perpetuum.
Puchta. — Vorlesungen über das heutige römische Recht.
Rudorff. — *Edicti perpetui quæ reliquæ sunt.*
Rudorff. — Rechtsgeschichte.
Savigny. — Traité de droit romain.
Valéry. — Revue générale, 1891-92-93.
Valéry. — Thèse.

ANCIEN DROIT ET LÉGISLATION FRANÇAISE

Aubry et Rau. — *Droit civil*, IV, VI, VII.
Baudry Lacantinerie. — Précis de droit civil, II.
Baudry Lacantinerie. — Donations et Testaments.

Bayle Mouillard sur Grenier. — Traité des Donations, I et II.
Bressolles. — Recueil de l'Ac. de lég. de Toulouse, 1854,1860
Coin Delisle. — Commentaire du Code civil, *Donations et testaments*.
Delvincourt. — Cours de Code civil.
Demante et Colmet de Santerre. — *Droit civil*, III et IV.
Demolombe. — Droit civil, I, III, VI, VII, XVIII et XXIII.
Duranton. — Cours de droit français, VII, VIII, IX, XIII.
Ferrière. — Commentaire de la coutume de Paris.
Furgole. — Questions sur les Donations.
Huc. -- Droit civil, VI.
Jehan de Boutellier. — Grand Coustumier général.
Laurent. — Principes du droit civil, XI, XV.
Locré. — Travaux préparatoires du Code civil.
Malpel. — Successions.
Merlin. — Répertoire, v[is] *Donations*, *Simulation*.
Pothier. — Donations entre époux.
Pothier. — Donations entre vifs.
Ricard. — Traité des donations entre vifs et testamentaires.
Rodière. — Des communautés religieuses. — *Recueil de l'Académie de lég. de Toulouse*, 1862.
Toullier. — Droit civil, IV et V.
Tronçon. — Le droit français et coutumes de la prévôté et vicomté de Paris.
Troplong. — Droit civil expliqué, I, II, IV.
Vigié. — Précis de droit civil, II.

DROIT ROMAIN

DE L'ACTION PECUNIÆ CONSTITUTÆ

INTRODUCTION

On peut définir le constitut un pacte par lequel une personne s'engage à payer à jour fixe une dette déjà existante.

L'origine de ce pacte est très lointaine : il a dû répondre à des besoins, avoir une utilité pratique dont il est difficile de se faire une idée juste. Touchant par certains côtés soit au cautionnement, soit à la novation, soit à d'autres pactes, il devait forcément s'en distinguer par un intérêt particulier quelconque qui justifiât son existence. Dans la période classique il fut surtout pratiqué sous la forme de *constitutum proprii debiti* : Ce n'est qu'avec Justinien que le constitut *alieni debiti* prit une grande extension. Enfin il était sanctionné par une action « *constitutoria* » ou « *ex constituto* » ou « *pecuniæ constitutæ* », dont on n'a pas encore réussi à préciser suffisamment la nature.

Après avoir été l'objet de nombreuses discussions entre

les jurisconsultes de la période classique, sa destinée fut de se dégrader complètement, et de venir se confondre, à l'époque de Justinien, avec une autre institution, le *receptum* des banquiers, que certains auteurs, notamment Théophile, veulent lui assigner comme origine. Cette réforme de Justinien fut précédée d'une longue étude des compilateurs ; préoccupés d'unifier le droit,ils conservèrent des anciens jurisconsultes certains textes sur le constitut primitif, en ayant bien soin de faire subir des remaniements peu scrupuleux à ceux qui pouvaient se trouver en contradiction avec le droit nouveau. Nous avons le droit de le leur reprocher, car ainsi ils nous ont empêché d'arriver à une connaissance certaine de cette institution qui est restée pour nous énigmatique à divers points de vue.

Ceci explique que de nombreuses et longues études aient été faites de ce pacte prétorien, pour lequel toutes les conjectures sont possibles. Aussi n'avons-nous pas la prétention de donner ici une théorie complète du pacte de constitut ; cette institution si ancienne,si ingénieuse, demanderait des développements qui ne pourraient rentrer dans les cadres étroits d'une thèse. Notre étude sera consacrée spécialement à l'action qui sanctionnait ce pacte ; sur ce point nous avons trouvé une théorie nouvelle, dont l'idée avait été émise par Puchta et entrevue par d'autres auteurs, mais qui a été développée par Kappeyne van Coppello d'une façon remarquable, ingénieuse et subtile, sinon propre à nous donner la clef du mystère. Critiquant la théorie de Bruns qui fait de l'action *pecuniæ constitutæ* une action *in factum*, il montre qu'à l'époque classique, cette action avait une nature particulière, qu'elle était bien donnée par le préteur, mais à raison d'un fait qui s'était produit devant lui, à raison de la *sponsio dimidiæ partis*.

C'est cette théorie que nous nous proposons de développer dans cette étude.

CHAPITRE I

Quelle action sanctionnait le pacte de Constitut

Section première

Les anciens systèmes sur l'action pecuniæ constitutæ

Nous devons tout d'abord rejeter une doctrine qui d'ailleurs n'a plus aucun crédit. Le constitut, dit-on, est un pacte ; l'action qui le sanctionne est une action *ex pacto*.

Rien n'est plus simple, mais rien n'est moins conforme aux principes du droit romain. Le formalisme romain refusait une action à toute convention qui n'était pas constatée par une forme solennelle, ou qui ne se manifestait pas par un acte matériel, en un mot, dépourvue de *causa civilis*. La première innovation à ce sujet — innovation prétorienne — se borna à la création d'une exception, *exceptio pacti conventi*, réellement efficace pour un pacte ayant comme but l'extinction d'une obligation, mais sans aucun effet, tout au moins direct, pour un pacte créant une obligation. Cette première réforme existait bien au temps de Cicéron, et le constitut était connu à cette époque, mais en tout cas ce n'était qu'une exception, jamais une action. Plus tard même, les *pacta adjecta in continenti* étaient sanctionnés par l'action même du contrat, et les *pacta adjecta ex intervallo* ne donnaient jamais naissance qu'à une exception.

Le fameux *quoniam grave est fidem fallere,* f. 1, pr. 13, 5. — *nota tu, juvenis, grave est fidem fallere,* dit Bartole — pouvait s'appliquer à n'importe quelle convention et ne porte donc nullement atteinte à ce principe inébranlable: *ex pacto actio neque nascitur, neque tollitur.*

On a ajouté : le constitut n'est pas un simple pacte et « Cujas nous dit : *Constitutum non est pactum, plus est quam* « *pactum, quod et verbum satis significat, hoc enim verbum si-* « *gnificat consensum, quod etiam adjectio diei demonstrat, nam* « *constitutio omnis est in diem,..... ergo plus est constitutum* « *quam pactum iteratum, igitur ex constituto nascitur actio.* » Cette démonstration ne nous paraît pas péremptoire, il eût suffi à ce compte d'*adjicere diem* à une convention quelconque et aussitôt une métamorphose se produisait qui donnait à ce pacte toute la valeur d'un contrat *juris civilis*. D'ailleurs nous verrons qu'un constitut se conçoit très bien sans adjonction d'un *dies*.

On a dit encore : « Il y a une action parce que le consti- « tut n'est pas à proprement parler un *nudum pactum*, car « l'ancienne obligation vient lui servir de cause ». Passe encore quand l'ancienne obligation est une obligation civile, mais s'il s'agit d'une simple obligation naturelle, à supposer bien entendu qu'on puisse constituer une obligation naturelle, idée que nous repousserons complètement ? Et en allant plus loin, en supposant que les pactes simples engendrent une obligation naturelle, le moyen était tout trouvé de tourner l'ancienne prohibition formaliste du droit romain ; pour munir d'action un pacte, il n'y a qu'à en faire un second, analogue au premier, il n'y a qu'à conclure un pacte de constitut. C'est bien en effet cette théorie du *pactum geminatum vel iteratum* qu'on a invoquée pour justifier le constitut d'une obligation naturelle.

Il est difficile de se faire une idée bien nette du *pactum geminatum*. Mais alors même qu'il aurait produit des effets plus considérables qu'un *pactum nudum,* l'objection reste toujours aussi forte : la règle *ex pacto actio neque nascitur neque tollitur* n'a plus sa raison d'être, puisqu'on peut, par un nouveau pacte, donner au premier une action. On a bien dit que le constitut différait du *pactum geminatum* par l'intention d'assurer l'exécution de l'obligation antérieure : nous ne saisissons pas très bien la portée de cette différence ; pas plus d'ailleurs que nous ne sommes touché par l'argument qui consiste à dire que nulle part dans les textes ne se trouve la prohibition : *pactum nudum actionem non parit,* et qu'à cet égard la loi est simplement ommissive. Ce refus d'action résulte suffisamment de l'esprit du droit romain, qui à l'origine n'admettait qu'une forme de contracter, la stipulation, et lorsqu'il en admit d'autres les enserra dans des cadres très restreints.

Il n'est donc pas juste de dire que l'*actio pecuniæ constitutæ* était une action *ex pacto*.

La seconde opinion, à peu près universellement admise, consiste à dire que l'action *pecuniæ constitutæ* était une action *in factum*. Parmi les auteurs qui ont soutenu cette théorie nous citerons Bruns et Rudorff.

Suivant Bruns, l'action *pecuniæ constitutæ* est une action *in factum* : mais il ne faudrait pas croire, parce qu'il s'agit d'une somme déterminée, que la *condemnatio* de la formule sera aussi déterminée, et s'énoncera ainsi : *Judex Numerium Nigidium decem millia condemna*. Si l'on raisonne ainsi quel intérêt eût présenté un pacte de constitut ? Est-ce que par l'action de la première obligation, on eût obtenu moins que par l'action *pecuniæ constitutæ* ? Il faut se référer à la formule générale de l'action *in factum* qui nous est donnée par Gaius pour le contrat de dépôt : *Si paret Agerium apud Negidium mensam argenteam deposuisse.... quanti ea res erit tantam pecuniam, judex, Negidium Agerio condemnato*. La formule de l'action *pecuniæ constitutæ* se terminera donc par la *condemnatio* habituelle de l'action *in factum* « *quanti ea res erit* »: de sorte que si nous groupons les fragments de l'Edit nous arrivons à la formule suivante :

Si paret Numerium Negidium, Aulo Agerio decem millia, Kalendas Januarias se soluturum constituisse, neque eam pecuniam Kalendas Januarias solvisse, neque per Aulum Agerium stetisse quominus fieret quod constitutum est, eamque pecuniam, cum constituebatur debitam fuisse, Judex quanti ea res erit tantam pecuniam Numerium Negidium Aulo Agerio condemnato.

Comment justifier ce *quanti ea res erit* ? C'est que pour Bruns, le constitut ne se conçoit pas sans l'adjonction d'un terme, d'un délai de paiement accordé par le créancier constitué au débiteur constituant.

Cela résulte, suivant lui, des fragments 16, 4° ; 18, 3° et surtout du fragment 21, 1° h. t. qui, pour le cas où il n'y a pas de *dies adjectus,* donne un délai de droit de 10 jours. Dès lors le fondement de l'action réside uniquement dans ce fait que le débiteur n'a pas payé au jour convenu, qu'il y a eu *mora* de sa part, et dans l'intérêt qu'avait le créancier à être payé à ce jour. La preuve en est dans la distinction faite par les fragments 36, XII, 2 ; 18, 3° ; 23 h. t., entre l'action *de sorte* et l'action de *pecunia constituta,* distinction qui prouve bien que l'action *pecuniæ constitutæ* contenait une *accessio* ou *causa rei.* Donc, conclut Bruns « de même que le constitut, dans son idée primitive, était essentiellement une promesse de paiement pour un jour déterminé, de même l'action de constitut avait pour objet des dommages-intérêts fondés sur le non paiement à cette époque.

Nous répondons d'abord à Bruns qu'il n'est pas du tout prouvé que le constitut ne puisse se concevoir sans adjonction d'un *dies* : le contraire même résulte de certains fragments que nous examinerons plus loin : donc cet « *interesse,* » comme il l'appelle, fondé sur la *mora* du débiteur n'existe plus. Et d'ailleurs n'avons-nous pas un texte qui nous dit formellement que le débiteur constituant ne peut pas s'obliger à plus qu'il n'était obligé par l'obligation principale ? C'est le fragment 24 h. t. Il restait à Titius cinquante sesterces, provenant d'un crédit ouvert à ses pupilles par Séius : il écrit à ce dernier qu'il lui paiera sans faute cette somme aux ides de mai : d'ailleurs s'il ne le fait pas il lui devra en plus les intérêts. Est-il obligé ? Oui, répond Marcellus, si par une stipulation expresse il a pris la place de ses pupilles : mais s'il y a eu simplement constitut ? Dans ce cas il ne doit que la somme principale, *sors*. Et Papinien approuve cette solution.

Et enfin nous pouvons demander à Bruns ce que devenait sa formule quand la *sponsio dimidiæ partis* avait été conclue entre les parties. Restait-elle la même. Etait-ce toujours le *quanti ea res erit* ?

Rudorff, lui, est frappé par l'objection tirée du fragment 24 h. t.: il comprend que l'action *pecuniæ constitutæ* ainsi conçue ne peut pas donner une satisfaction plus grande que celle donnée par l'action naissant de l'obligation primitive. Mais alors pourquoi le constitut ? Pour obvier à cet inconvénient, il a rédigé une autre formule de l'action *pecuniæ constitutæ*. Pour lui c'est bien toujours une action *in factum* : mais la *condemnatio* contiendra en plus de la somme principale une condamnation à la moitié de cette somme principale : et tel est bien, dit Rudorff, l'intérêt du demandeur : voici donc la nouvelle formule :

Negidium quam pecuniam Aulo Agerio, in hoc anno, illa die se soluturum, satisfacturum, constituit, neque solvere, neque fecisse quod constituit, neque per Agerium stetisse quominus fieret quod constitutum est, eamque pecuniam, cum constituebatur debitam fuisse, judex, quanti ea res est, tantam pecuo niam, et ejus pecuniæ dimidium. *Numerium Negidium Aul-Agerio condemna, si non paret absolvito.*

Sur quel fondement repose ce « *et ejus pecuniæ dimidium?* » Si Bruns donne peu d'intérêt à l'action *pecuniæ constitutæ,* Rudorff lui en donne beaucoup trop : c'est aller d'un extrême à l'autre. Les textes ne nous donnent aucune indication à ce sujet, et Gaius nous parle simplement d'une *sponsio dimidiæ partis.* Rudorff veut-il faire allusion à cette *sponsio* ? Mais alors il va créer pour le défendeur une situation inique : le défendeur qui avait exécuté la promesse résultant du constitut, poursuivi par le créancier en vertu de l'action *pecuniæ constitutæ,* et triomphant dans cette action, ne pouvait se dédommager de cette poursuite téméraire du créancier. Rudorff se méprend sur la valeur de cette *sponsio*; Gaius nous en parle à propos des peines infligées aux *temere litigantes* : il s'agit des *sponsiones* habituelles réciproquement conclues sous forme de *sponsio* et *restipulatio,* qui empêchaient d'actionner à la légère, ou de soutenir un procès de mauvaise foi.

Enfin, Lenel (*Edictum perpetuum,* page 197) nous propose une autre formule qui diffère à certains points de vue des deux précédentes :

Si paret Numerium Negidium Aulo Agerio sestertium de-

cem millia constituisse se soluturum eove nomine se satisfacturum esse, neque fecisse quod constituit, neque per Aulum Agerium stetisse quominus fieret quod constitutum est, eamque pecuniam cum constituebatur debitam fuisse, judex quanti ea res est, Numerium Negidium Aulo Agerio condemna, si non paret absolvito.

Cette formule se distingue de la formule de Bruns en ce qu'elle prévoit les deux aspects possibles de constitut : promesse de paiement, et promesse de satisfaction. Mais elle n'est pas non plus celle de Rudorff car elle ne tient aucun compte du *neque solvere* qui cependant nous est formellement indiqué par le fragment 16, 2°, h. t. Au reproche de modifier considérablement le texte qui nous est donné par le Digeste, nous joignons celui qui est commun aux deux autres formules : la *condemnatio* est encore une *condemnatio* au *quanti ea res erit,* et nous avons démontré que cela était impossible.

Nous devons donc repousser et la formule de Bruns, et la formule de Rudorff, parce qu'on ne peut justifier *et ejus pecuniæ dimidium* pas plus que *quanti ea res erit*. Nous n'admettons pas davantage la formule proposée par Lenel· Quant à la qualification d'action *in factum* que tous deux donnent à l'action *pecuniæ constitutæ,* nous pouvons leur répondre : nulle part dans les textes on ne trouve cette qualification ou plutôt ils nous fournissent un argument contre cette théorie. En effet, Théophile dans un passage où il traite des actions personnelles prétoriennes nous cite l'action *de peculio* et l'action *pecuniæ constitutæ*, puis l'action *de jure jurando*; cette dernière, il la qualifie de *in factum*. C'est donc que, pas plus que l'action *de peculio*, l'action *pecuniæ constitutæ* n'était une action *in factum*.

Section II. — *Défaut d'intérêt du pacte de constitut sans la* sponsio dimidiæ partis.

Puisque l'action *pecuniæ constitutæ* n'était ni une action *in factum* ni une action *ex pacto*, qu'était-elle donc ?

Dans les recherches qu'il a faites sur cette action, Bruns a eu tort, suivant nous, de prendre comme point de départ la réforme de Justinien et les renseignements qu'il nous donne sur le constitut dans sa constitution de 531, C. 2, IV, 18. Il se peut qu'à cette époque l'action *pecuniæ constitutæ* ne fût plus qu'une action *in factum* : mais cela n'est pas juste pour la période classique. Comme la plupart des institutions à Rome, le constitut a subi une évolution historique ; c'est cette évolution qui doit guider l'interprète.

Or, pour la période classique, quels sont les textes dont nous devons nous inspirer ? D'abord les fragments contenus dans le Digeste au livre 13, titre 5, que les compilateurs ont laissé parvenir jusqu'à nous et dans lesquels nous ne devons avoir qu'une confiance limitée. Mais nous avons un autre texte, qui est de Gaius, et dans ce jurisconsulte nous pouvons avoir une foi entière. Or, que nous dit Gaius: simplement ceci au commentaire IV, paragraphe 171 : « *Ex quibusdam causis sponsionem facere permittitur, velut de pecunia certa credita et pecunia constituta : sed certæ quidem creditæ pecuniæ tertiæ partis, constitutæ vero pecuniæ dimidiæ partis.* »

Ainsi donc en matière de *pecunia constituta* on concluait une *sponsio dimidiæ partis* ; et voici comment, d'après nous, le procès devait être mené : créancier constitué et débiteur constituant se présentaient devant le préteur pour la délivrance de l'action ; le préteur leur disait : je vous délivrerai la formule, mais à la condition que l'un et l'autre vous fassiez de votre contestation l'objet d'un pari, qui sera de la moitié de la somme litigieuse ; vous, débiteur, par la *sponsio*, vous allez promettre de payer tant si le créancier prouve l'existence d'un constitut remplissant les conditions déterminées par la loi ; vous, créancier, par une *restipulatio*, vous allez parier la même somme pour le cas où vous ne réussiriez pas dans cette preuve ; procédure analogue à celle des interdits.

Nous fondons cette opinion, d'abord sur le passage de Gaïus qui, nous le verrons, fait allusion, malgré le *permittitur*, à une disposition impérative, et non pas simplement facultative, et ensuite, sur le défaut absolu d'intérêt pratique du constitut sans cette *sponsio dimidiæ partis*. Il faut, en effet, justifier le pacte de constitut par un intérêt quelconque, soit pour le créancier, soit pour le débiteur ; nous allons voir qu'il pouvait très bien se faire que cette opération ne fût d'aucune utilité ni pour l'une ni pour l'autre des parties, la *sponsio dimidiæ partis* mise de côté ; l'*actio pecuniæ constitutæ* aurait fait double emploi avec l'*actio certæ pecuniæ creditæ.*

Pour le débiteur, tout d'abord, le seul intérêt qu'aurait pu présenter un tel pacte devait résider, dans un délai de paiement, un atermoiement, une adjonction d'un *dies* accordé par le créancier. Et, en effet, on définit le constitut, une convention par laquelle quelqu'un prend l'engagement de payer à jour fixe une dette préexistante. C'est juste, mais il ne faut pas entendre par là qu'un terme différent de celui de l'obligation primitive fût de l'essence même du constitut.

Tout d'abord, Justinien, dans sa célèbre constitution, nous apprend qu'on discutait le point de savoir, *an pure constituta pecunia contracta valeret*, c'est-à-dire si une dette constituée *pure* sans modalités, était valablement constituée. Il y avait donc un doute. Il est vrai qu'on pourrait nous objecter que Justinien fait ici allusion à une autre question, et que le mot *pure* se rapporte à *contracta* et non à *constituta*. Ce serait une construction de phrase bien irrégulière ; mais nous ne voulons pas autrement insister sur cet argument et nous nous en tiendrons à un autre passage qui, pour nous, ne fait aucun doute ; c'est le fragment 3, 2°, h. t. Dans ce texte, Ulpien pose la question suivante : celui qui est tenu d'une obligation à terme, sera-t-il obligé par le constitut qu'il en fera ? Labéon dit oui et Pédius l'approuve ; et Labéon ajoute que le constitut s'applique aussi à des dettes non encore échues, *quæ nondum peti possunt*. Assurément, dit Ulpien, car il y a une utilité à ce que celui qui est tenu de payer à un jour déterminé s'engage par un constitut à payer à ce même jour. Et Paul va plus loin : le constitut est valable même si le débiteur promet de payer à un terme antérieur au terme primitif. Dans ces deux hypothèses, quel intérêt pour le débiteur à conclure un constitut ? Et pour le créancier ? N'aurait-il pas pu, par l'action de l'obligation primitive, se faire payer au jour fixé, aussi bien que par l'action *pecuniæ constitutæ* ? Quelle est donc cette utilité sur laquelle insiste Ulpien ?

Il y a une objection. Paul, au f. 21, § 1, h. t., nous dit formellement : « *Si sine die constituas, potest quidem dici te non teneri.* » D'abord, comme l'ont prouvé Faber, Lenel et d'autres, ce texte est interpolé et tous s'accordent à dire que toute la dernière partie, depuis *sed modicum tempus*, n'est pas de Paul. Ce premier remaniement permettrait d'en supposer d'autres, mais nous voulons bien admettre l'authenticité du commencement, et alors il nous semble qu'on peut encore expliquer ce fragment en disant que Paul vise l'hypothèse où pas même l'obligation primitive ne contenait de terme.

Ces divers doutes nous permettront de laisser de côté ce texte de Paul et de ne prendre en considération que le passage d'Ulpien. Quel intérêt avait donc un pareil constitut ? D'autant plus que, s'il s'agissait d'un simple atermoiement, on pouvait arriver au même résultat par un simple *pacte de non petendo* ; et nous trouvons absolument arbitraire la réponse qui consiste à dire que, tandis qu'en principe on ne doit payer une obligation *in diem* qu'après l'échéance, au contraire, par le constitut, le débiteur était forcé de payer sans autre avertissement.

Pour le créancier, — toujours au cas de constitut sans modifications de l'obligation principale, qui fut d'ailleurs le droit commun du début, — Bruns a dressé une liste de prétendus avantages indirects : « L'efficacité du cons« titut qui consiste simplement dans une répétition de « l'ancienne dette, nous dit-il, dépend donc uniquement « de ce fait que la nouvelle obligation est en quelque « sorte meilleure ou plus avantageuse que l'ancienne ; et « ceci est possible de diverses manières. »

1° C'était une reconnaissance de dette ; nous répondons : pourquoi aurait-on eu recours au constitut puisqu'on avait un moyen à la fois plus simple et plus sûr d'arriver à ce résultat, nous voulons dire la stipulation. Et puis c'était inutile car on était malgré tout obligé de fournir la preuve de l'existence de l'obligation principale, car la formule de l'action porte *eamque pecuniam debitam fuisse*.

2° Le constitut serait un moyen de munir d'action les obligations naturelles ; nous avons déjà effleuré cette question, mais nous y reviendrons avec plus de détails au chapitre suivant.

3° Par un pacte de constitut on pourra garantir l'ancienne dette par un gage : les textes ne le disent pas d'une façon formelle, ajoute Bruns, mais c'est tout naturel. A supposer qu'on puisse ainsi constituer un gage, quel sera l'avantage? Soit une dette de cinquante sesterces. Titius constitue cette dette et fournit un gage. Mœnius, créancier, poursuit Titius par l'action *pecuniæ constitutæ*. Que va-t-il réclamer ? Cinquante et rien de plus ; il eût pu aussi bien le faire par la *condictio certæ pecuniæ*.

4° Certaines actions, les actions *vindictam spirantes*, ne sont pas transmissibles activement ; par l'effet du constitut elles prennent ce caractère. La possibilité de constituer de telles obligations résulte clairement du fr. 29, h. t. Le constitut produirait donc un effet analogue à celui de la *litis contestatio*. Sans doute, mais pour qu'une telle obligation pût servir de base à un constitut il fallait qu'auparavant il y eût eu une fixation, une évaluation de l'obligation. Qu'arrivait-il alors ? Que par l'effet de cette fixation on obtenait une *condictio certi* qui pouvait ainsi passer aux héritiers ; du moment qu'on avait ce moyen pourquoi avoir recours à un constitut ?

5° Bruns nous cite encore trois autres effets qu'on pourrait attribuer au constitut :

a) De deux *correi stipulandi* celui qui a conclu un pacte de constitut avec le débiteur devient seul créancier, et le débiteur, s'il a payé à l'autre *correus* a, contre ce dernier la *condictio indebiti*.

b) Le constitut limite au montant du pécule, au jour jour du constitut, l'indemnité due par le *paterfamilias* ou le *dominus servi* en vertu de l'*actio de peculio,* sans qu'on puisse souffrir ou bénéficier des modifications que pourra subir dans la suite ce pécule.

c) Le constitut, s'il n'interrompt pas la prescription, substitue tout au moins à la prescription de l'ancienne action, la prescription nouvelle de l'action *pecuniæ constitutæ.*

Ce sont là assurément des effets du constitut, mais bien secondaires, et puis peut-on dire que ce soient des avantages que lui seul peut produire ? Par la *litis contestatio* on atteindrait le même résultat ; et ce que nous recherchons, c'est un effet propre du constitut, un effet qui le caractérise et qui montre qu'il a eu une valeur pratique particulière.

Bruns termine cette énumération en disant que le constitut qui ne présente aucun de ces avantages est dépouillé de toute utilité pratique et que l'action qui en résulte ne diffère nullement de l'action qui sanctionnait l'obligation primitive. Et cependant l'idée reste et n'est pas sans importance ; l'avantage réside alors dans la différence de fondement des deux actions. Supposons qu'on ait constitué une dette de legs, le créancier a dans ce cas deux actions : l'action *ex testamento,* et l'action *ex constituto.* — Encore une fois quel intérêt à avoir deux actions si toutes deux tendent au même but ?

Le véritable intérêt du pacte de constitut, le seul qu'il ait présenté, du moins à l'origine, consistait dans la façon de conduire le procès et dans le risque de la *sponsio dimidiæ partis*. Le plus souvent il était conclu avec concession d'un nouveau délai ; un débiteur ne pouvant plus supporter le fardeau de ses dettes, allait trouver un de ses créanciers et lui demandait d'accepter de sa part un constitut, et de lui accorder un nouveau délai de paiement, le créancier n'y perdait rien ; en effet, tant que le terme n'était pas échu le créancier n'inquiétait pas son débiteur, mais le terme échu il le poursuivait par l'action *pecuniæ constitutæ* et alors intervenait entre eux la *sponsio* et la *restipulatio dimidiæ partis*. Les Romains pensaient avec raison, qu'il n'y a pas pour le juge de meilleure preuve de la sincérité des parties que le pari qu'ils font sur le litige même ; leur première action ne fut-elle pas le *sacramentum* ? La *sponsio* conclue par le défendeur au demandeur était un moyen de punir l'obstination du défendeur, la *restipulatio* du demandeur était un moyen de châtier sa légèreté et sa témérité.

Section III. — *Du caractère obligatoire de la* sponsio dimidiæ partis

Le défaut d'intérêt que présentait le pacte de constitut, si on laisse de côté la *sponsio dimidiæ partis*, est déjà un sérieux argument en faveur de la doctrine qui soutient que cette *sponsio* était obligatoire dans l'action *pecuniæ constitutæ*, de même que la *sponsio tertiæ partis* dans l'*actio certæ pecuniæ creditæ*. Mais on a soutenu que la *sponsio* n'était que facultative, en se fondant sur certains textes et surtout sur le passage de Gaius, Com. IV, § 171, où il nous dit *sponsio permittitur*. Comment, devant de telles expressions, peut-on essayer de soutenir qu'elle était obligatoire? C'est cette théorie que nous devons maintenant examiner.

Le principal représentant de cette doctrine est Heimbach (*die Lehre vom Creditum*) (1).

Il nous oppose un premier argument tiré d'Aulu-Gelle (*Noctum atticarum*, L. 13, C. 2). Aulu-Gelle avait été désigné comme juge dans une affaire fort embarrassante ; il s'agissait d'une réclamation en paiement d'une somme prêtée, le demandeur était un homme d'une honnêteté à l'abri de toute critique ; au contraire le défendeur passait pour mauvais plaideur et avait une réputation des plus mauvaises, et cependant Aulu-Gelle ne pouvait donner droit au demandeur et condamner le défendeur, car les preuves faisaient complètement défaut, précisément pour ce motif le défendeur avait rédigé des conclusions tendant à ce que le demandeur fût non seulement débouté, mais encore condamné pour *calumnia* : « *Petebatur apud me pecunia, quæ dicebatur data numerataque, sed qui pete-*

(1) Nous allons raisonner sur la *sponsio tertiæ partis* de l'action *certæ pecuniæ creditæ* ; par analogie nos solutions devront s'étendre à l'action *pecuniæ constitutæ* et à la *sponsio formidiæ partis*, puisque à ce point de vue, Gaius les réunit.

bat, neque tabulis, neque testibus id factum docebat et argumentis admodum exilibus nitebatur, sed eum constabat virum esse ferme bonum, notæque et expertæ fidei et vitæ inculpatissimæ, multaque et illustris exempla probitatis sinceritatisque ejus expromevantur ; illum autem, unde petebatur hominem esse non bonæ rei, vitaque turpi et sordida, convictumque vulgo in mendaciis, plenumque esse perfidiarum et fraudum ostendebatur. Is tamen cum suis multis patronis clamitabat probari apud me debere pecuniam datam consuetis modis ex quibus omnibus si nulla re probaretur dimitti jam se oportere et adversarium de calumnia damnari ». Fort perplexe il s'adressa au philosophe Favorinus, qui lui répondit que la cause du créancier était la meilleure *melior est qui petit* ; mais cette opinion blessait la conscience d'Aulu-Gelle, qui aima mieux sortir de cette affaire par un *non liquet. et propter ea jurabi mihi non liquere at que ita judicatu illo solutus sum.*

Quelle conclusion en tire Heimbach ? Que le défendeur avait introduit un *judicium calumniæ*. C'est possible, mais pourquoi ne serait-ce pas plutôt une *restipulatio* conclue après la *sponsio* sur l'*actio pecuniæ creditæ* ? Le moyen était assurément aussi bon pour punir le *calumnia actoris* ; puis le défendeur demandait la condamnation du demandeur, se fondant sur son propre acquittement : c'est bien là le fondement de la *restipulatio* ; enfin la preuve dans le *judicium calumniæ* était très difficile, c'est Gaius lui-même qui nous le dit, C. IV, § 178 : n'était exposé au *judicium calumniæ* que celui qui avait agi à tort, dans le seul but de créer des ennuis au défendeur, dans un esprit de vexation, escomptant une erreur ou une injustice possibles du juge, mais n'espèrant pas triompher grâce à la sincérité de sa réclamation « *sicut crimen furti* ». Ce n'était certes pas le cas, dans l'espèce donnée par Aulu-Gelle, puisqu'au contraire il s'agissait d'un demandeur foncièrement honnête. Ces diverses considérations nous portent à croire qu'il s'agissait bien d'un *sponsio*, et non pas d'un *judicium calumniæ*.

Un autre argument, invoqué par Heimbach, se trouverait, d'après lui, dans la *lex Rubria de Gallia Cisalpina*. Cette loi s'occupe des défendeurs qui font une *confessio in jure*, ou ne se présentent pas, ou refusent leurs concours à l'organisation de l'instance ; elle s'exprime ainsi pour définir les obligations du défendeur : *aut se sponsione judicioque utei oportebit se defendet*. Et voici le raisonnement de Heimbach : d'après ce texte l'action *pecuniæ certæ creditæ* se présentait sous une double forme de procédure, on pouvait intenter l'action *pecuniæ certæ creditæ*, ou bien avec la *sponsio* et la *restipulatio tertiæ partis*, ou bien sans *sponsio*, cette dernière manière de procéder s'appelait *judicio uti oportet sese defendere*, et elle pouvait ensuite entraîner pour le demandeur les peines des *temere litigantes*, par exemple le *judicium calumniæ*. Nous ne connaissons rien sur la façon de procéder *per sponsionem*, sans doute le procès se déroulait suivant le mode des interdits ; on délivrait d'abord la *formula sponsionis et restipulationi*, et on y rattachait ensuite la formule de l'action *certæ pecuniæ creditæ*, de manière à faire dépendre le succès du demandeur dans l'action *certæ pecuniæ creditæ* de son succès sur la *sponsio*. Mais c'était un droit de libre option entre la *sponsio* et le *judicio utei oportet se defendere* qui était donné au demandeur.

Pour Baron (*Abhaudlungen*, I, 182) cette théorie de la double formule de l'*actio certæ pecuniæ creditæ* est une pure invention de l'imagination de Heimbach, et il trouve la réfutation de cette doctrine, dans la *lex Rubria* elle-même. Les expressions désignant, d'après Heimbach, ces deux formes de l'action *certæ pecuniæ creditæ*, sont réunies dans ce chapitre deux fois par la conjonction *que* et une seule fois par la particule *ve* ; il en est de même au chapitre XXII. Elles ont donc, sinon le même sens, du moins un certain rapport entre elles ; la loi *Rubria*, en effet, fait allusion dans ce passage à une procédure analogue à celle de l'interdit *uti possidetis* au cas où l'une des parties refuse de continuer le procès, ce que Gaius exprime en disant : *aut sit sponsiones non faciat sponsionumve judicia non accipiat*(1). Il y avait donc plusieurs manières de se dérober à l'interdit *uti possidetis* : on pouvait d'abord refuser de conclure la *sponsio*, mais même si la *sponsio* avait été conclue, tout n'était pas encore perdu, on pouvait encore ne pas accepter le juge désigné, refuser son concours à l'organisation de l'instance, ne pas faire *litis contestatio*, *judicia non accipere*, car du moment que le juge avait été accepté le procès était engagé et le dé-

1. Gaïus, IV, 3, 170.

fendeur s'exposait à être condamné comme *confessus*, s'il ne se présentait pas ; mais la simple conclusion de la *sponsio* n'entraînait pas ce résultat. Dans la *lex Rubria*, les expressions sont les mêmes à peu de chose près ; nous en concluons que loin d'être question d'une double formule, il s'agit d'une seule formule de l'*actio certæ pecuniæ creditæ*, la formule *per sponsionem*.

Pour répondre à cette théorie de Heimbach, sur cette prétendue formule double de l'*actio certæ pecuniæ creditæ*, Baron (*Abhandlungen*, I, 184) invoque un autre argument tiré de la *lex Julia municipalis*. Voici ce que dit cette loi : « *Ei quei eam viam tuendam redemerit tantæ pecuniæ eum eosve adtribuito sine dolo malo. Sei is quei adtributus erit eam pecuniam diebus XXX proxumeis, ipse aut procurator ejus sciet adtributionem esse factam, ei quoi adtributus erit, neque solverit neque satisfecerit is quantæ pecuniæ adtributus erit, tantam pecuniam et ejus dimidium ei quoi adtributus erit, dare debeto.* » Il s'agit dans cette loi d'un propriétaire de maison située sur la voie publique, qui a négligé d'entretenir la partie de voie publique dont l'entretien lui est imposé par les règlements administratifs ; la ville confie ces travaux à un entrepreneur, et au lieu de le payer directement elle-même, elle lui délègue le propriétaire de la maison pour le montant de l'adjudication ; mais elle ne lui dit pas d'exercer aussitôt une *manus injectio* pour rentrer dans ses déboursés, au contraire, l'entreprenenr adjudicataire n'a qu'à attendre, et si le propriétaire de la maison ne se présente pas dans les trente jours, alors la créance est par le fait même augmentée de moitié. Mais la loi continue : « *Inque eam rem is, quoquemque de ea re aditum erit, judicem judiciumve ita dato, utei de pecunia credita judicem judiciumve dari oporteret.* » Ainsi donc, pour demander le paiement de sa créance on ne lui donnera pas une action ordinaire, on lui donnera une action *de pecunia credita*. Pourquoi ? Karlowa n'y voit pas de concession de *sponsio* ; nous pensons, au contraire, avec Bruns, Baron et Coppello, que la *sponsio tertiæ partis* joue ici un rôle important et qu'elle était obligatoire dans l'*actio pecuniæ creditæ* ; pourquoi, dans le cas contraire, ne pas se contenter de donner à l'entrepreneur une action ordinaire, une *condictio certi ?* C'est que le but du législateur n'eût pas été atteint ; il veut, dans la *lex Julia municipalis*, punir sévèrement le propriétaire qui ne remplit pas ses obligations : « Pour cela, comme dit Baron, il lui impose une double peine : d'abord celle de 50 0/0 s'il est négligent pendant 30 jours, ensuite celle de 33 1/3 0/0 s'il laisse intenter un procès. » La conclusion de Baron consiste à dire qu'il n'y avait qu'une formule de l'action *pecuniæ creditæ*, la formule *per sponsioneum* ; nous, nous en déduisons que cette *sponsio tertiæ partis* était obligatoire.

Reste le principal argument de la doctrine qui soutient le caractère facultatif des *sponiones dimidiæ partis et tertiæ partis*. Ce n'est pas le moins sérieux et il paraît à première vue inattaquable. Gaïus, au seul endroit où il nous parle des *sponsiones* dans les actions *pecuniæ creditæ* et *pecuniæ constitutæ*, s'exprime ainsi : *Sponsionem facere permittitur* (Gaïus, IV, § 170). Heimbach en conclut que le demandeur avait le choix d'intenter le procès avec ou sans *sponsio*. Bruns développe l'argument : à une époque plus récente, nous dit-il, Puchta, se fondant sur la *sponsio dimidiæ partis* a exprimé l'opinion que primitivement l'édit ne donnait pas au constitut une action spéciale, mais simplement une action ayant comme fondement la *sponsio dimidiæ partis*. C'est possible, et l'objection de Girtanner, consistant à dire que la *sponsio* était pénale et non préjudicielle, n'est pas fondée, puisqu'il a été démontré par Keller et Schirmer, qu'il n'y avait aucune antinomie entre ces deux sortes de *sponsiones* et que les *sponsiones* pénales étaient en même temps préjudicielles et englobaient même la réclamation principale. Mais l'argument irréfutable c'est le *permittitur* de Gaïus, auquel on ne peut raisonnablement donner le sens de *jubetur* ou de *cogitur*, la *sponsio* était donc facultative.

L'argument est spécieux ; toutefois l'auteur dont nous nous inspirons a essayé de le réfuter en montrant que dans certains textes de Gaïus lui-même ce mot impliquait l'idée d'une disposition obligatoire et non simplement facultative.

Quand on intentait une action d'injures il fallait indiquer d'une façon certaine *quid injuriæ factum sit et taxationem* (Paul, *Mosaic. et roman. leg. collatio.*, t. II, c. 6). C'était donc une obligation imposée péremptoirement par l'édit. Or, Gaïus, après nous avoir énuméré les diverses peines prononcées pour coups et blessures nous dit : *Sed nunc alio jure utimur ; permittitur enim nobis a prætore ipsis injuriam æstimare*. Gaïus, III ; § 224. Etant donné ce que nous venons de lire à ce sujet dans Paul, il nous est bien permis de conclure que nous sommes en présence d'un *permittitur* ayant le sens d'obligation imposée et non de faculté accordée.

Dans la formule d'une action, la *condemnatio* portait : *Si paret condemna, si non paret absolvito*. Le prêteur disait donc au juge : condamne ou absous ; mais le juge devait faire l'un ou l'autre, et il ne pouvait pas arbitrairement se permettre de ne faire ni l'un ni l'autre, à moins toutefois que l'affaire étant trop compliquée, il n'eût besoin de nouveaux éclaircissements, auquel cas il pouvait différer sa décision par un *non liquet*. Et cependant, ici encore, Gaïus nous dit dans sa définition de la *condemnatio : Condemnatio est ea pars formulæ qua judici condemnandi absolvendive potestas permittitur*. Gaïus, IV, § 43.

Au paragraphe précédent, Gaïus définit ainsi l'*adjudicatio : Adjudicatio est ea pars formulæ qua permittitur judici rem alieni ex litigatoribus adjudicare*. Doit-on conclure de cette expression que le juge pourra, si tel est son bon plaisir, ne faire aucune attribution de la chose indivise?

Cette expression de *permittitur* peut donc avoir la signification de disposition obligatoire ; nous en trouvons la preuve dans les divers textes que nous venons de citer. D'ailleurs, les expressions de *jubetur* ou de *cogitur* eussent mal convenu à l'hypothèse dont nous nous occupons ; ces mots, en effet, impliquent une idée de défaveur pour celui qui est l'objet de la disposition ; or, ici, il ne s'agit nullement d'une défaveur, mais bien d'un avantage considérable que le préteur offre à celle des parties qui a véritablement droit ; pourquoi se priver de cet avantage ? Nous n'en voyons aucune bonne raison. Beaucoup d'auteurs, notamment M. Accarias (t. II, n° 974), estiment que peut-être il suffisait que l'une des parties exigeât la conclusion de la *sponsio* pour que l'autre dût s'incliner ; de là à dire que c'était le préteur qui les y forçait, il n'y a pas loin.

Et puis, de quoi auraient pu se plaindre les parties ? Que devait-on penser d'un demandeur qui refusait de conclure la *sponsio* lorsque le préteur lui en donnait l'ordre ? Ce refus n'était-il pas un aveu du mal fondé de sa prétention ? Et si c'était le défendeur qui reculait devant cette obligation, n'était-on pas en droit d'en conclure que la demande du créancier était sérieuse et bien fondée, et cette circonstance n'était-elle pas un motif sérieux de condamner le défendeur comme *confessus in jure* ? De plus, en voyant cette hésitation de son adversaire l'autre partie n'était-elle pas poussée d'autant plus à exiger la conclusion de la *sponsio* ? L'hypothèse d'un refus des deux parties est peu vraisemblable : il est rare de voir deux adversaires n'avoir pas plus de confiance l'un que l'autre dans leur litige.

Ce sont là des raisons de bons sens, mais d'autres considérations plus juridiques militent en faveur de notre opinion.

Nous devons en effet remarquer que Gaius juxtapose

la *sponsio* et le *sacramentum*, la première forme de procédure romaine, G. C. IV, § 13. Et de plus après nous avoir parlé de l'*actio per sacramentum*, il nous dit que l'*actio certæ pecuniæ creditæ* était dangereuse à cause de la *sponsio*, en vertu de laquelle les deux parties courent des risques, le défendeur, s'il nie d'une façon téméraire, le demandeur s'il réclame quelque chose qui ne lui est pas dû. Gaius se serait-il servi de semblables expressions si la *sponsio* avait été simplement facultative ?

Enfin, après nous avoir dit au paragraphe 171 : *sponsionem facere permittitur*, Gaius, au paragraphe suivant, nous apprend que les héritiers, les femmes, les mineurs sont relevés de la *sponsio*, mais à la condition qu'ils prêtent serment, et pour cette nouvelle condition il emploie l'expression de *jubere*. Nous demandons s'il était bien utile de parler de cette dispense, si la loi qui établissait la *sponsio*, n'imposait pas une obligation, mais accordait simplement une faculté.

Notre conclusion est donc que la *sponsio* a été obligatoire dans les actions pour dettes d'argent. Qu'elle ait disparu de bonne heure dans l'action *pecuniæ certæ creditæ*, c'est à peu près certain car Gaius, au § 13, nous dit que cette action était *periculosa*, « *hoc tempore* », à l'époque des *legis actiones*. Mais nous pensons qu'elle dût se maintenir à l'époque classique, dans l'*actio pecuniæ constitutæ*, car c'était là le seul intérêt qui pût justifier l'existence du pacte de constitut.

CHAPITRE II

Formule de l'action « pecuniæ constitutæ »

SECTION I. — *Rédaction et justification de cette formule*

Nous avons établi que le préteur, au moment où les parties comparaissaient devant lui, les obligeait à conclure réciproquement les *sponsiones* et *restipulationes dimidiæ partis*, puis leur délivrait une action ayant pour cause cette *sponsio*. Nous plaçant dans l'hypothèse d'un pacte de constitut simple, n'apportant aucune modification à l'obligation principale, nous donnons de l'action qui le sanctionne, la formule suivante :

Quod Aulus Agerius, Numerio Negidio (Numerius Negidius, Aulo Agerio) HS. L dare spopondit, si (non) paret Aulum Agerium Numerio Negidio C dare oportere, eamque pecuniam, intra Kalendas Januarias, se soluturum constituisse, neque solvere, neque fecisse, neque per Numerium Negidium stetisse quominus fieret quod constitutum est, eamque pecuniam, cum constituebatur debitam fuisse, Judex, Aulum, Agerium, Numerio Negidio (Numerium Negidium, Aulo Agerio) HS. L condemna, si non paret absolvito.

Judicium secutorium : Si paret Aulum Agerium, Numerio Negidio HS. C dare oportere, Judex, Aulum Agerium Numerio Negidio HS. C condemna, s. n. p. a.

Les noms propres, ainsi que le mot « *non* » mis entre parenthèses, se rapportent à la restipulation pour laquelle il faut renverser les termes.

Ainsi donc la formule de l'action *pecuniæ constitutæ* se présentait sous un double aspect :

1° Dans une première formule, on réclamait l'augmentation « *dimidiæ partis* » provenant de la *sponsio*.

2° Dans une deuxième on demandait la somme principale, celle qui était due en vertu de la première obligation, celle qu'on avait constituée. C'était « l'*actio de sorte* », dont les textes parlent si souvent.

Remarquons tout d'abord, qu'avec cette rédaction, nous évitons la discussion qui s'élève entre les partisans du caractère facultatif de la *sponsio*, sur le point de savoir si, au cas où la *sponsio* avait lieu, elle englobait ou non en même temps la somme principale : *Si centum constitueris CL dare spondes* ou bien *Si C constitueris L dare spondes*. Bruns admet la première forme, M. Flurer (1) préfère la seconde. Avec notre formule les deux actions, quoique ne formant qu'un seul tout, sont toutefois absolument indépendantes.

Pourquoi cette double formule ? Evidemment à cause de la *sponsio*, mais de plus si les textes ne nous le disent pas d'une façon formelle, du moins ils nous donnent à

1. Thèse pour le doctorat.

comprendre qu'il fallait distinguer nettement, d'une part l'action *ex sponsione*, c'est-à-dire celle par laquelle on réclamait l'élévation de moitié résultant de la *sponsio* et d'autre par l'action *de sorte*, qui est l'action *pecuniæ constitutæ*, par laquelle on poursuivait le paiement de la somme principale, et qui était contenue dans le *judicium secutorium*.

Ulpien au f., 18, 3° h. t. nous dit : *Vetus fuit dubitatio an qui hac actione egit, sortis obligationem consumat? Et tutius est dicere solutione potius ex hac actione facta liberationem contingere, non litis contestatione : quoniam solutio ad utramque obligationem proficit*. Longtemps on se demanda si l'exercice de l'action *pecuniæ constitutæ* entraînait la disparition de la dette principale ? Il est plus prudent de dire que seul, le paiement entraîne libération, et non pas la *litis contestatio* engagée sur le constitut : car le paiement produit effet sur l'une et sur l'autre des deux obligations. Ainsi donc la *litis contestatio* engagée sur le constitut était impuissante à entraîner l'extinction de l'ancienne obligation qui continuait à subsister : si l'on admet l'opinion de Bruns et de Rudorff sur l'action *pecuniæ constitutæ* qui en fait une action *in factum* une dans sa teneur, nous ne comprenons pas comment on pourrait justifier cette survivance de l'ancienne obligation. Il n'y avait dans ces formules aucune distinction entre la réclamation de la dette de *sponsio* et la réclamation de la somme principale : le juge, par sa décision, tranchait en même temps les deux questions ; dès lors, comment le demandeur aurait-il pu ensuite, agir en réclamation de la dette principale ? Le défendeur avait un moyen bien simple d'être relevé de la poursuite : il n'avait qu'à opposer une exception de chose jugée.

Avec la formule que nous avons proposée, le même résultat était-il atteint ? Non, et cela à cause de la séparation bien nette faite dans l'action, entre les deux réclamations. Quelle eût été la situation du demandeur ? Après avoir perdu sa *restipulatio dimidiæ partis* il perdait aussi la somme qu'on lui devait : contre pareil traitement l'équité protestait. Et pourquoi l'empêcher, s'il le voulait, d'agir en vertu de l'*actio pecuniæ certæ* et de risquer une nouvelle *sponsio, tertiæ partis* ? D'un autre côté, le défendeur n'était pas fondé à se plaindre puisqu'il avait été payé de la *restipulatio dimidiæ partis*, et qu'il n'était que juste qu'il dût rembourser la somme principale, s'il la devait réellement. Voilà ce que disait l'équité : mais cela suffisait-il à renverser l'exception de chose jugée ? Assurément non, avec la teneur de l'action de Bruns, et le caractère indivisible du jugement intervenant sur cette action. Au contraire, avec nos deux formules distinctes, on pouvait laisser parler ce sentiment d'équité et admettre que la *litis contestatio* atteignait l'action *ex sponsione* mais non le *judicium secutorium*. Voilà, suivant nous, le sens qu'il faut donner au texte d'Ulpien, qui, d'ailleurs, n'eût pas manqué d'insister sur une exception aussi importante apportée à l'autorité de la chose jugée. *Utraque obligatio*, dans ce passage a le même sens que *utraque actio* au fr.

19, pr. h. t. de Paul, c'est-à-dire ces deux condamnations, l'une contenue dans la formule de la *sponsio*, l'autre dans la formule du *judicium secutorium*. Ainsi, nous justifions notre double formule.

SECTION II. — *Explication des termes de l'Edit. Conditions de l'action.*

Après avoir établi et justifié la formule de l'action *pecuniæ constitutæ*, nous allons la décomposer et en expliquer les différents termes. Nous prendrons d'abord l'action *pecuniæ constitutæ* ordinaire dans sa teneur la plus simple, celle qui sanctionnait le constitut, simple répétition de l'ancienne dette : dans un second paragraphe, nous examinerons les modifications à faire subir à la formule par suite des changements apportés par le constitut à l'obligation primitive.

§ 1er. — *Action « pecuniæ constitutæ » ordinaire.*

I) *Quod Aulus Agerius Numerio Negidio (Numerius Negidius Aulo Agerio), HS. L., dare spopondit...*

Ceci n'est autre chose que la *demonstratio* de la formule et cette première partie ne donne pas lieu à des observations bien importantes : c'est la simple constatation que le procès a été l'objet d'une *sponsio*, fait essentiel puisqu'il va servir de cause à l'action que délivre le préteur. *Aulus Agerius* est le débiteur constituant, *Numerius Negidius* est le créancier constitué : tous deux ont conclu les *sponsiones* et *restipulationes dimidiæ partis*, dans l'espèce, cinquante sesterces.

II) *Si paret C dare oportere...*

Ici commence l'*intentio* : nous devons remarquer que les textes disent *si appareat* et non *si paret*. On a soulevé des discussions, suivant nous bien inutiles, sur ce subjonctif. Lorsqu'on dit à Bruns que ce pourrait être la conséquence de la *sponsio*, il répond simplement que ce serait le seul exemple de formulaires de cette espèce que l'on trouverait dans les *Pandectes*, et que d'ailleurs les compilateurs n'auraient pas conservé un commentaire sur la *sponsio*, qui, depuis longtemps était tombée en désuétude. Il est permis de ne pas trouver cette raison suffisante.

Lenel donne une autre explication : suivant lui ces mots de *ait prætor, hac verba edicti*, sont des expressions qui ont été ajoutées par les compilateurs, mais qui ne se trouvaient nullement dans Ulpien. Le subjonctif qui nous occupe devait être gouverné dans le commentaire sur l'Edit d'Ulpien, par une phrase qui probablement était la suivante : *notandum est formulæ verbis judicem tunc condemnare juberi, si appareat eum...*

Nous avions cru, tout d'abord, que ce *si appareat* ne pouvait s'expliquer que par la rédaction antérieure de la formule de la *sponsio*. Nous pensons qu'il n'est pas nécessaire de chercher si loin. Cependant, nous n'adoptons pas non plus l'explication de Lenel : le système des interpolations a assurément quelque chose de vrai, mais c'est, suivant nous, un moyen trop facile de trancher les difficultés, et nous avons toujours estimé que l'on ne devait pas en abuser, alors surtout qu'on pouvait expliquer les textes sans les taxer d'interpolation. Dans l'espèce, cela est possible, et nous maintenons énergiquement que ces *ait prœtor* sont d'Ulpien, car partout où il veut citer les termes de l'Edit, il se sert de ces termes ; les exemples sont nombreux.Reste le fameux subjonctif ; l'édit du préteur ne donnait pas la formule de l'action elle-même, il disait dans quels cas, à quelles conditions il délivrerait une action ; il devait s'exprimait ainsi : *judicium* ou *actionem dabo si appareat, etc*. (f. 1, IX, 3 ; f. 1, pr. XI, 5 ; f. 7, XII, 2 ; f. 1, XIII, 6).

III) *Eamque pecuniam intra Kalendas Januarias se soluturum constituisse...*

L'*intentio* se poursuit : le terme dont il est ici question n'est pas celui qui a été accordé par le constitut ; nous nous occupons du constitut dans ses termes plus simples ; on a donc conservé l'échéance primitive. Nous ne sommes pas en contradiction avec nous-même comme on pourrait le croire : il est loin de notre pensée en effet de soutenir qu'un constitut — c'est-à-dire une promesse de payer — sans un délai quelconque soit possible : semblable doctrine serait absurbe ; de quelle utilité serait le constitut d'une dette qui sitôt constituée, sitôt serait exigible ?

Assurément, il y aurait encore l'intérêt de la *sponsio*, mais il est aisé de comprendre qu'aucun débiteur, même par un dévouement inexplicable pour le créancier, ne se prêterait à pareille combinaison. Notre pensée la voici : pour qu'un constitut soit valable, il n'est pas indispensable qu'un délai soit concédé par le créancier ; mais il faut que l'ancienne obligation contienne un terme et un terme postérieur au jour du constitut. C'est l'hypothèse de Labéon, approuvée par Ulpien (f. 3, 2°, h. t.).

IV) *Neque solvere*...

Si l'on poursuit une phrase plus loin, la lecture de la formule, on est frappé de rencontrer un infinitif passé, alors qu'on se trouve ici en présence d'un infinitif présent ; et les deux propositions sont gouvernées par le même verbe *si appareat*. Il est évident que cette différence de temps doit avoir une signification.

Haloänder, pour trancher la difficulté, remplace *neque solvere* par *neque solvisse* ; c'est un moyen trop facile, et que nous devons repousser, ne serait-ce qu'en raison de la modification qu'il apporte au texte de l'Edit. La faute serait trop visible pour que les compilateurs ne l'eussent pas corrigée. Du reste, il y aurait ainsi un pléonasme dans la formule ; ce *neque solvisse* serait inutile puisque nous trouvons ensuite *neque fecisse,* qui englobe toutes les conditions auxquelles le débiteur s'est soumis par le constitut. Pour Bruns il est tout à fait indifférent qu'on emploie *solvisse* ou bien *solvere* ; le seul avantage est de rendre la phrase plus coulante. C'est une erreur, suivant nous, et nous pensons qu'à cette différence de temps, évidemment voulue, doit correspondre une autre différence plus importante.

Il s'agit, suivant nous, de deux conditions distinctes de l'*actio pecuniæ constitutæ* ; le débiteur a-t-il payé la somme principale ? Voilà la première question à se poser : c'est une exception opposable par le débiteur. Et jusqu'à quel moment le débiteur peut-il se libérer ? Jusqu'à la *litis contestatio*, même quand les parties sont en présence et que le préteur leur délivre la formule ; voilà pourquoi il y a un infinitif présent, *solvere* et non pas *solvisse*. La seconde question à résoudre est celle de savoir si le débiteur a exécuté les engagements qu'il avait pris en constituant sa dette : et pour apprécier s'il y a eu, ou non, exécution de ces promesses, on doit se placer sans nul doute, au jour fixé pour cette exécution, soit par le constitut lui-même soit par l'ancienne obligation — si on a conservé l'ancien terme — mais toujours à une époque antérieure à la *litis contestatio* ; voilà pourquoi il y a « *fecisse* », un infinitif passé. Et cette explication est confirmée par le f. 16, 4° h. t., dans lequel Ulpien fait une allusion évidente, à cette distinction des deux époques différentes auxquelles doit se placer le juge pour l'appréciation des conditions de l'action : « Quant à la condition « contenue dans ces paroles du préteur « *neque fecisse* « *quod constitutum est* » doit-elle s'apprécier au jour fixé « par le constitut ou doit-on aller jusqu'au moment de la

« *litis contestatio* ? il peut y avoir doute. Pour moi je crois « que c'est au jour fixé par le constitut » (1).

V) « *Neque fecisse quod constitutum est...* »

C'est la principale condition de l'action : le débiteur constituant avait pris par ce pacte tel ou tel engagement : a-t-il tenu cet engagement ?

1° Le débiteur pouvait avoir simplement promis de payer : toute autre prestation autre qu'un paiement effectif ne pouvait le libérer : ainsi il ne pouvait se contenter de fournir une garantie : « *constituto satis non facit, qui soluturum se constituit, si offerat satisfactionem* », f. 21, 2° h. t.

2° Il pouvait encore s'être engagé à fournir une garantie au créancier, sans toutefois spécifier quelle sorte de garantie. Peu importait alors qu'il offrît une caution ou un gage pour se libérer : le créancier n'était pas fondé à se plaindre : « *Si quis autem constituat se satisdaturum, fidejussorem vel pignora det non tenetur ; quia nihil intersit quemadmodum satisfaciat* ».

3° Enfin il pouvait avoir promis une garantie spéciale :

1. Lenel nous donne une autre explication de cette différence de temps : suivant lui il y aurait là une erreur du copiste, et le véritable texte d'Ulpien serait : « *si appareat eum qui constituit solvere, neque fuisse...* » Pourquoi le « *neque* » ? Le copiste ayant sous les yeux les deux « *neque* » qui suivent, par mégarde aurait ajouté ce troisième. L'explication est trop commode : nous ferons deux autres objections à Lenel : d'abord il supprime un mot, qui suivant nous a son importance : de plus il est obligé, pour être logique avec lui même, d'ajouter « *vel satisfacere* » et enfin il sera forcé, dans sa formule, de modifier le temps du verbe et de mettre « *qui constituit se soluturum vel satisfacturum esse* ». Ces modifications sont trop nombreuses pour que nous adoptions l'explication en elle-même.

dès lors en offrant une caution il ne pouvait pas se libérer de la promesse de fournir un gage, et réciproquement.

Quand le débiteur a promis qu'une personne déterminée se porterait caution pour lui, des difficultés spéciales peuvent se présenter. Sans aucun doute aucune exception ne sera accordée au débiteur qui invoquera pour sa défense le refus de la personne indiquée de se porter caution pour lui afin de le libérer de son obligation *ex constituto*. Mais devait-on aller plus loin et dire que si cette personne mourait le débiteur constituant était encore tenu ? Sous une autre forme, le cas fortuit libérait-il le débiteur ? Nous devons distinguer deux hypothèses :

a) le débiteur était *in mora* :

Le débiteur a négligé d'accomplir sa promesse au délai fixé : dans ce cas la mort de la personne promise comme caution ne lui profitera pas et le demandeur triomphera. « *Quid si ante decessit ? si mora interveniente æquum est teneri eum qui constituit, vel in id quod interest, vel ut aliam personam non minus idoneam fidejubentem præstet* », f. 14, 20. Toutefois le débiteur, même *in mora*, pourra donc s'exonérer, en fournissant une autre caution qui présentera pour le créancier les mêmes qualités que la première : ce n'est qu'une juste application de l'équité naturelle car le créancier serait mal fondé à exiger davantage. C'est la conséquence de la règle plus générale contenue au f. 16, 3° h. t. « ...*tenet actio : etiam si per rerum naturam stetit ; sed magis dicendum est subveniri reo debere* ».

b) le débiteur n'était pas *in mora*.

Dans ce cas il est complètement libéré par la mort de la caution, ou plus généralement par le cas fortuit, de l'obligation qu'il avait contractée par son constitut : « *si nulla mora interveniente magis puto non teneri* », f. 14, 2°, h. t.

VI) *Neque per actorem stetisse quominus fieret quod constitutum est.....*

Le débiteur ne devait pas se trouver exposé à la négligence, ou à la mauvaise volonté de son créancier ; s'il était tenu d'exécuter strictement sa promesse, il ne fallait pas qu'il dût supporter les conséquences d'une faute du créancier et voilà pourquoi le préteur insère dans la formule *neque per actorum stetisse*. A supposer même que le créancier ait été simplement empêché de se présenter au jour fixé par le constitut pour le paiement, il ne pourra s'en prendre qu'à lui-même : *proinde si valetudine impeditus, aut si tempestate petitor non venit, ipsi nocere Pomponius scribit*. f. 18, pr. h. t.

Paul va même plus loin, et au f. 17. h. t, il réprouve la mauvaise volonté du créancier. Nous avons vu que pour l'appréciation de la condition *neque fecisse quod constitutum est*, il fallait se placer au jour fixé par le constitut, et examiner si ce jour là le débiteur avait ou non exécuté sa promesse. Le débiteur a offert le paiement, non pas, il est vrai, au jour fixé par le pacte de constitut, mais à un autre jour aussi commode pour le créancier : sans aucune bonne raison ce dernier a refusé paiement.

Le jurisconsulte estime qu'il faut venir au secours du débiteur soit en lui donnant une exception soit par une juste interprétation. En quoi peut consister cette juste interprétation ? Pour nous c'est dans la dispense de la *sponsio* pour le débiteur et dans la conservation de l'ancienne action pour le créancier. Ainsi les intérêts des deux parties seront respectés. Et nous voyons là une nouvelle preuve d'un intérêt particulier de l'action *pecuniæ constitutæ :* pourquoi, dans le cas contraire, se préoccuper de cette hypothèse, si l'*actio pecuniæ constitutæ* ne différait en rien de l'action de l'ancienne obligation ? Car on ne pense pas, nous supposons, à enlever son ancienne action au créancier, qui en refusant le paiement ne faisait après tout qu'user de son droit, et interpréter un peu trop strictement il est vrai, la convention intervenue entre lui et son débiteur : suivant nous, il n'y a pas d'autre explication de cette « *exceptio vel justa interpretatio* » que l'exonération de la *sponsio*. Et cette explication s'accorde bien avec la théorie que nous avons admise sur la survie de l'ancienne action après extinction de l'action *pecuniæ constitutæ*.

Nous ne pensons pas qu'on puisse retourner contre nous, la fin de ce texte de Paul *ut illa verba neque fecisse, hoc significent, ut neque in diem in quem constuit, fecerit, neque postea* pour soutenir que dans l'appréciation de cette condition on devait se placer même « *ad tempus judicii* ». Le principe est que toute obligation doit s'exécuter suivant les conditions qu'elle porte : Paul a ici en vue, une hypothèse toute particulière, celle où le débiteur fait tout son possible pour tenir ses engagements, et où il se heurte aux vexations d'un créancier trop exigeant.

VII) « *Eamque pecuniam cum constituebatur debitam fuisse...* ».

C'est la partie la plus intéressante de la formule surtout parce qu'elle n'est que l'expression de la condition essentielle du pacte de constitut. Le préteur exige qu'on prouve que la dette constituée existait au moment où le pacte de constitut a été conclu.

Il s'agit de *pecunia*, c'est-à-dire de dette d'argent; peut-être même la conjecture de Bruns et de Rudorff est-elle vraie qui consiste à dire qu'à l'origine le constitut n'était applicable qu'à la *pecunia credita* ; et en faveur de cette opinion milite la *sponsio dimidiæ partis* qui n'est que l'augmentation de la *sponsio tertiæ partis* spéciale à l'*actio certæ pecuniæ creditæ :* mais les textes ne nous le disent pas : ils portent *debita* et non « *credita* ».

Ordinairement le constituant désignait expressément le montant de la dette : mais cela n'était pas prescrit à peine de nullité : « *qui autem constituit se soluturum, tenetur, sive adjecit certam quantitatem, sive non* », f. 14, pr. h. t. Il faudrait se garder de donner à ces mots la traduction que donne Bruns « fixer le montant de la dette » ; on arriverait en effet à cette conclusion que l'on pouvait constituer une créance indéterminée : nous ne croyons pas que cette opinion soit juste : à cause même de la *sponsio* il fallait qu'il y eut une fixation préalable de la dette :

nous en trouvons un exemple dans le *Pro quinctio* de Cicéron, où il nous parle d'un *constitut* qui ne peut être fait qu'après fixation préalable d'un solde : « *adjicere* » signifie ici « nommer expressément ».

Mais la condition indispensable c'est qu'il y ait dette, «*pecunia debita* ». Quand y a-t-il *pecunia debita*? Ulpien nous le dit au f. 1, 6° h. t. : toute obligation provenant d'un contrat quelconque peut faire l'objet d'un constitut : il veut parler des obligations civiles. Et au paragraphe 8 il étend cette solution aux obligations honoraires : c'est facile à comprendre puisque ces dernières obligations produisent les mêmes effets que les obligations *juris civilis* et ne s'en distinguent que par leur source. Mais nous avons omis à dessein le paragraphe 7 ; nous disons plus, il faut complètement le supprimer ; le texte a été interpolé, il est l'œuvre des compilateurs.

D'abord on est en droit de s'étonner de la rédaction assez bizarre de ce fragment : on eût compris qu'Ulpien, après avoir traité des obligations civiles, nous parlât des obligations honoraires et enfin des obligations naturelles : c'eût été l'ordre logique ; mais à cette place que signifie ce fragment ? Après avoir parcouru la claire démonstration du jurisconsulte, sur les obligations civiles, l'esprit est involontairement arrêté par ces quatre mots : « *Debitum autem vel natura sufficit* », d'autant plus que la phrase n'est suivie d'aucun développement, et cependant la matière en comporte, sans compter enfin que la rédaction est prétentieuse et qu'on se demande pourquoi Ulpien emploie cette figure « *debitum vel natura* ».

Ces considérations auraient dû faire naître des soupçons dans l'esprit des interprètes, qui tous, nous nous en étonnons, admettent le constitut d'une obligation naturelle : et ils se seraient vite aperçus, à la lecture des fragments qui suivent, que ces soupçons étaient fondés ; car les compilateurs n'ont pas même pris la précaution de supprimer les passages susceptibles de contredire l'interpolation qu'ils commettaient.

Ulpien nous donne comme exemple de constitut d'une obligation honoraire, le constitut fait par le *paterfamilias* ou le *dominus servi,* du montant « *duntaxat de peculio* », des dettes contractées par son fils, ou par son esclave : « *et ideo et pater et dominus de peculio obstricti, si constituerint, tenebuntur usque ad eam quantitatem, quæ tunc fuit in peculio, cum constituebatur; ceterum si plus suo nomine constituit, non tenebitur in id quod plus est* » f. 1, § 8, h. t. Immédiatement après les compilateurs nous transmettent un fragment de Julien : « *Quod si filii nomine constituerit se decem soluturum, quamvis in peculio quinque fuerint, de constituta in decem tenebitur* » f. 2, h. t. Si le père, au nom de son fils, a promis de payer dix, il devra dix, même si le pécule ne contient que cinq. Les hypothèses prévues par ces deux textes sont différentes l'une de l'autre. Ulpien prévoit le cas d'un « *constitutum proprii debiti proprio nomine* ; le *paterfamilias* est tenu, *de peculio,* des dettes contractées par son fils ou son esclave : c'est cette obligation personnelle qu'il constitue, et par conséquent il ne peut constituer plus qu'il n'y a dans le pécule au jour du *constitut*.

Dans l'hypothèse de Julien, au contraire, il s'agit du « *constitutum alieni debiti* » « *nomine filii* », et dans ce cas peu importe le pécule ; il s'agit de l'obligation du fils et non de l'obligation du père. Or remarquons que dans le premier cas le jurisconsulte met sur la même ligne le fils et l'esclave : au contraire, au fragment 2 il n'est question que du fils. Pourquoi pas également « *nomine servi* » ? C'est qu'en effet le fils est obligé civilement : il y a *pecunia debita* : par conséquent le père constitue la dette de son fils. Mais l'esclave ne s'oblige que naturellement : et dès lors, si l'obligation naturelle avait pu servir de base à un *constitut*, est-ce que Julien n'aurait pas dit : « *quod nomine filii, vel nomine servi* » ?

Si Ulpien, en expliquant la condition « *pecunia debita* » avait songé aux obligations naturelles, pourquoi ne parlerait-il à chaque instant que de ce qui est dû « *jure civili* » ou « *jure prætoris* » f. 3, 1°, f. 3 2° h. t.

Mais voici encore une autre preuve : un simple pacte adjoint à un *mutuum* ne peut faire naître des intérêts : il faut une stipulation expresse (Paul Sent. L. II, t. 14, § 1). Toutefois si le débiteur a payé volontairement les intérêts il ne pourra les réclamer par la *condictio indebiti*, f. 26, pr. 12, 6. f. 5, 2°, 46, 3. C'est bien là le caractère de l'obligation naturelle : par conséquent si un constitut d'une obligation naturelle était possible, nous devrions dire que les intérêts qui n'étaient pas dûs, mais qui ont été constitués, devront être payés en raison de ce constitut. Or les textes nous disent précisément le contraire : c'est d'abord le f. II, § 1, h. t.

« *Si quis centum aureos debens, ducentos constituat, in centum tantummodo tenetur : quia ea pecunia debita est ; ergo et is, qui sortem, et usuras quœ non debebantur constituit, tenebitur in sortem duntaxat* ». Si, devant cent écus d'or, on en a constitué deux cents, on n'est tenu que de cent : car cent seulement étaient *pecunia debita* ; donc celui-là aussi qui a constitué une dette principale et des intérêts, qui eux n'étaient pas dûs, ne sera tenu que de la dette principale. — Puis à un autre endroit, d'après Marcellus : Titius a promis par lettre à Seius de lui payer aux ides de mai une certaine somme qui lui était due par ses pupilles : s'il ne le fait pas à cette époque il lui paiera en plus les intérêts ; il n'est tenu que de la somme principale : « *Item quœro an, si non successisset, de constituta teneatur ? Marcellus respondit, in sortem teneri : est enim humanior et utilior, ista interpretatio* », fr. 24, *in fine*, h. t.

Ainsi donc ce « *debitum vel natura sufficit* » a été ajouté par les compilateurs, qui de plus, comme nous venons de le voir, ont agi tout à fait à la légère (1).

Il faut donc une *pecunia debita*, et seules sont *pecunia debita*, les obligations civiles et honoraires. Peu importe d'ailleurs qu'il y ait des doutes sur l'existence de la dette,

1. Lenel ne nous signale cependant aucune interpolation à cet endroit.

que le créancier ne puisse pas en faire la preuve par les moyens ordinaires, pourvu toutefois que dans ce cas le créancier ait prêté au sujet de sa créance le serment qui lui a été déféré par le débiteur : « *Si jurejurando delato, deberi tibi juraveris, cum habeas eo nomine actionem, recte de constituta agis*, f. 25, § 1, h. t.

C'est tout naturel : par le serment qu'il a prêté le créancier a acquis une action *de jurejurando* et c'est cette action qui va servir de fondement au constitut ; même dans la formule de l'action *pecuniæ constitutæ*, c'est cette action *de jurejurando* qui composera la formule du *judicium secutorium* : « *Si paret Numerium Negidium jurasse Aulum Agerium sibi H. S. C. dare oportere.* »

Les obligations civiles et honoraires peuvent être affectées d'une modalité.

Pour les obligations à terme il semble qu'il ne puisse y avoir aucun doute et que le constitut en soit possible puisque : « *qui in diem debet tamen debet.* » Cependant il y avait divergence d'opinions entre les anciens jurisconsultes : certains voulaient interpréter rigoureusement « *pecunia debita* » et exiger que la dette constituée fût une dette échue. Labéon soutint l'opinion contraire, et Ulpien l'approuva : le constitut est aussi applicable aux dettes « *quæ nondum peti possunt* », f. 3, § 2, h. t.

On discutait également sur la validité du constitut des obligations conditionnelles : une dette conditionnelle, en effet, n'est pas « *pecunia debita* ». Et cependant nous approuvons complètement la décision de Paul : « *Id quod sub condi-*

tione debetur, sive pure, sive certo die constituatur, eadem conditione suspenditur : ut existente conditione teneatur : deficiente utraque actio depereat », f. 19, pr. h. t. C'est la force rétroactive de la condition qui, validant l'obligation principale, donnera en même temps force exécutoire au constitut. Mais il est évident que si par le constitut un délai de paiement était accordé il fallait que ce délai ne fût pas inférieur, mais au moins égal au temps nécessaire pour l'accomplissement de la condition.

Quant au constitut d'une obligation alternative, solidaire ou avec « *adjectus solutionis gratia* », nous en remettons l'examen au paragraphe second.

On nous reprochera peut-être d'avoir élargi le cadre de notre sujet et d'avoir traité de matières qui rentreraient plutôt dans une étude générale du constitut : nous avons pensé que l'importance des solutions, notamment pour le constitut de l'obligation naturelle, suffisait à justifier cette digression. D'ailleurs il faut aussi remarquer que toutes ces conditions sont autant d'exceptions opposables par le constituant à l'action *pecuniæ constitutæ.*

VIII). « *Judex Aulum Agerium Numerio Negidio, (Numerium Negidium Aulo Agerio) H. S. L. condemna si non paret absolvito.* »

C'est la *condemnatio* résultant de la *sponsio :* elle n'entraîne aucune remarque particulière, sauf qu'elle conclut simplement à la condamnation du défendeur (ou du demandeur) à la moitié de la somme principale.

IX) *Judicium secutorium.*

C'est dans cette partie de la formule que se trouve la condamnation à la somme principale : c'est l'*actio pecuniæ constitutæ* proprement dite par opposition à l'action *ex sponsione*. Le plus souvent elle sera la reproduction de l'action de l'obligation primitive.

§ 2. — *Modifications subies par la formule par suite des changements apportés par le constitut à l'obligation primitive.*

Le constitut peut apporter à l'obligation primitive des changements soit quant au terme, soit quant à l'objet, soit quant au lieu de paiement, soit quant aux personnes. Sur le changement de terme nous n'insisterons pas : la formule indiquait simplement le nouveau délai. C'est aux trois autres points de vue que nous allons maintenant nous placer.

I). *Constitut avec changements de personnes.*

1° *Changement de débiteur.*

C'est ce qu'on appelle le « *constitutum debiti alieni* ». Bien que présentant de nombreuses analogies avec l'*intercessio*, ce n'était pas, à vrai dire, un moyen de fournir une caution qui n'ait présenté que cette particularité de ne pas résulter d'une stipulation. Il se rapproche davantage de l'*expromissio*, de la novation par changement de débiteur, dont il diffère encore en ce que l'ancienne obligation subsiste. Le fondement du constitut de la dette d'autrui repose sur ce principe que, si le débiteur y consent, une personne quelconque peut prendre la place du défendeur : le constituant est « *defensor* » et non « *fidejussor* ». Comme principales conséquences, le constituant peut toujours être poursuivi sans avoir la faculté d'opposer le bénéfice de discussion, du moins tant que le constitut conserva sa nature primitive ; de même tandis que la caution souffre ou profite des circonstances défavorables ou favorables qui peuvent influer sur l'obligation principale, le constituant n'en ressent pas le contrecoup, son obligation est indépendante et s'apprécie au jour du constitut.

Quant à la formule voici comment elle devrait être rédigée :

Quod P. Mœvius, Numerio Negidio (Numerius Negidius P. Mœvio) H. S. L. dare spopondit, si (non) paret Aulum Agerium Numerio Negidio C. dare oportere, eamque pecuniam, intra Kalendas januarias se soluturum constituisse, neque solvere, neque fecisse, neque per Numerium Negidium stetisse quominus fieret quod constitutum est, eamque pecuniam, cum constituebatur debitam fuisse, Judex P. Mœvium Numerio Negidio (Numerium Negidium. P. Mœvio) H. S. L. condemna, si non paret absolvito.

Judicium scutorium : Si paret P. Mœvium Numerio Negidio H. S. C. dare oportere, Judex P. Mœvium Numerio Negidio H. S. C. condemna, si non paret absolvito.

Nous devons faire une remarque pour une hypothèse spéciale : Quand un *paterfamilias* faisait un constitut de sa dette *ex peculiari causa* (hypothèse du f. 1, § 8, h. t.) la *condemnatio* du *judicium secutorium* devait contenir :

« *Duntaxat de peculio* » ; au contraire cette proposition devait disparaître quand il s'agissait du constitut fait par le père de la dette de son fils, *nomine filii* (hypothèse du f. 2. h. t.)

2° *Changement de créancier.*

Nous ne donnons pas la nouvelle formule : on substituait simplement au nom de l'ancien créancier celui du nouveau. Il est plus intéressant d'examiner les cas où ce changement pouvait se produire.

1er cas : Supposons d'abord qu'il n'y avait qu'un créancier : on pouvait constituer à un autre créancier : « *Quod tibi debetur, si mihi constituatur, debetur* », f. 5, § 2, h. t. Mais il fallait qu'il y eût mandat ou consentement de l'ancien créancier : sans cela le pacte n'était pas valable : d'un côté en effet le débiteur ne peut pas de son plein gré porter préjudice aux droits du créancier : d'autre part, vis-à-vis du tiers constitué il n'y a pas constitut puisqu'il n'y a pas *pecunia debita*. Peu importait d'ailleurs que ce fût le débiteur qui eût reçu le mandat de constituer au tiers, ou bien le tiers d'accepter le constitut qui lui serait fait par le débiteur : ce n'est autre chose que la délégation ou novation par changement de créancier.

2e cas : Dans l'obligation primitive, il pouvait y avoir, à côté du créancier, un « *adjectus solutionis gratia* » qui pour le débiteur est un véritable créancier. Sans aucun doute le débiteur ne pouvait constituer à l'*adjectus solutionis gratia*, sans l'agrément du créancier : « *Si mihi aut Ti-*

tio stipuler, Titio constitui suo nomine non posse », f. 7, 1° h. t. Si le constitut s'est produit sans réserve formelle quant à l'*adjectus solutionis gratia*, le débiteur conserve le droit de payer à l'*adjectus solutionis gratia* : « *Si ita stipulatus sim, mihi aut Titio dare spondes ? et debitor constituerit se mihi soluturum, quamvis mihi competat de constituta actio potest adhuc adjecto solvere* », f. 59, XLVI, 3. — Enfin si dans le constitut le débiteur a promis de payer au créancier « seul » il ne pourra plus se libérer entre les mains de l'*adjectus* et aura contre lui la *condictio indebiti* : « *Quod si posteaquam soli mihi te soluturum constituisti, solveris Titio, nihilominus mihi teneberis* », f. 8, h. t. « *Titius tamen indebiti condictione tenebitur, ut quod ei perperam solutum est, ei qui solvit, reddatur* », f. 9, h. t.

3e cas : Il y avait deux créanciers solidaires. Supposons que le débiteur ait constitué à l'un deux : l'autre créancier conserve-t-il son action et pourra-t-il recevoir le paiement sans s'exposer à la *condictio indebiti* ? Suivant nous, dans ce cas, le constitut produit le même effet que le paiement, ou la *litis contestatio* faits à l'un ou avec l'un des créanciers solidaires, et par conséquent libère le débiteur d'une façon définitive : la situation est analogue à la précédente, à celle où le paiement a été fait à l'*adjectus solutionis gratia*, alors qu'on avait constitué au créancier seul : le débiteur aura donc la *condictio indebiti* : c'est d'ailleurs ce que nous dit Paul : « *Idem est, et si duobus reis stipulandi, post alteri constitutum, alteri pos-*

tea solutum est ; quia loco ejus, cui jam solutum est, haberi debet is, cui constituitur », f. 10, h. t.

Maiscompliquons l'hypothèse : et supposons que le débiteur ait constitué aux deux créanciers solidaires : il est évident que dans l'intention des parties le paiement fait par le débiteur à l'un des deux créanciers devait le libérer vis-à-vis de l'autre. Et cependant qu'arrivait-il si, le paiement effectué par le débiteur à l'un des deux créanciers, l'autre créancier actionnait le débiteur par son action *pecuniæ constitutæ?* La *sponsio* intervenait : le débiteur ne pouvait nier avoir constitué : il devait donc être condamné : C'est pour ces motifs que Paul nous dit qu'il faudra lui venir en aide par une exception, l'exception « *si non solverit Titio* » qui sera insérée dans la formule de la *sponsio* : « *Si quis duobus pecuniam constituerit, tibi aut Titio, etsi stricto jure propriæ actioni pecuniæ constitutæ manet obligatus, etiamsi Titio solverit, tamen per exceptionem adjuvatur* », f. 30, h. t. Il faut même aller plus loin et dire que sans doute il était d'usage que devant le préteur, avant de conclure la *sponsio*, le débiteur prévînt le créancier du moyen de défense qu'il allait lui opposer, pour que ce créancier ne s'exposât pas à la légère, à la *restipulatio* du défendeur : et sinon il est évident que pour échapper à cette *restipulatio* le créancier devait avoir la *replicatio doli*, fondée sur le silence frauduleux du débiteur.

II) *Constitut avec changement d'objet.*

Il ne faudrait pas interpréter d'une façon trop rigoureuse, cette condition que, pour être valable, le constitut devait s'appliquer à une dette d'argent «*pecunia debita* ». Il pouvait très bien arriver qu'une prestation à fournir se réalisât en argent, en dommages-intérêts, et alors le constitut était possible. Cette fixation en argent pouvait être faite également à l'amiable par les parties : car par un accord réciproque elles étaient libres d'apporter à leur convention primitive telle modification qu'il leur plaisait et faire ensuite un constitut de cette nouvelle obligation. C'est ce que nous dit Ulpien en termes aussi explicites que possible : « *An potest aliud constitui, quam quod debetur quæsitum est ? Sed cum jam placet rem pro re solvi posse, nihil prohibet aliud pro debito constitui ; denique si quis centum, frumentum ejusdem pretii constituat, puto valere constitutum* », f. 1, § 5, h. t. « *Aliud pro debito* », dit Ulpien et nous pensons même qu'il faut dire « *pecunia pro debito* », à cause de la *sponsio dimidiæ partis,* et les textes nous donnant des exemples nous parlent tous de « *pretium* », f. 1, § 3, h. t., f. 21, pr. h. t., f. 23, h. t. Dans tous les cas il fallait que le constitut « portât » sur autre chose que l'objet primitif: il ne faudrait pas croire en effet qu'on eût pu faire un constitut ayant comme objet une prestation différente de l'ancienne obligation, alors que l'ancienne obligation conservait son objet : la convention dont nous traitons, se justifie seulement par le principe « *rem pro re solvi posse* » : il fallait donc qu'avant de conclure le constitut, une promesse de *datio in solutum* fût intervenu, et c'est cette promesse même que l'on constituait. D'ailleurs les conséquences qui se seraient produites s'il n'en avait pas été ainsi, prouvent bien la vérité de l'idée que nous émettons : prenons un exemple : Titius doit à Mœvius l'esclave Pamphile, puis Titius — ou une tierce personne — fait à Mœvius un constitut par lequel il lui promet de lui payer le prix de l'esclave, soit cent sesterces. Par une telle convention on arrive à créer une dette alternative, et au choix du débiteur, de sorte que si l'esclave vient à mourir, Titius aussi bien que la tierce personne est libéré. Est-ce le résultat que le créancier voulait atteindre ? Est-ce surtout le but du pacte *rem pro re solvi posse ?* Il fallait donc qu'avant le constitut, le changement eût été opéré, et la fixation intervenue, fixation en argent suivant nous, ou tout au moins d'une chose de même valeur « *ejusdem pretii* », nous dit Ulpien au f. 1, § 5.

On pourrait nous opposer le f. 23 h. t. « *Promissor hominis, homine mortuo, cum per eum staret quominus traderetur et si hominem daturum se constituerit, de constituta pecunia tenebitur, ut pretium ejus solvat* ». Ainsi donc il a promis « *hominem* » et il est tenu « *de pecunia constituta* » ? C'est absurde, et nous voyons dans ce texte une interpolation des compilateurs : pour mettre les textes d'accord avec la nouvelle doctrine de Justinien qui avait étendu le constitut à toutes sortes de réclamations, ils ont imaginé de remplacer « *pretium* » par « *hominem* » et d'ajouter « *ut pretium ejus solvat* ». La preuve, nous la trouvons dans le f. 21, 1° h. t., qui prévoit absolument la même hypothèse et qui nous dit formellement que c'est le prix qui a été constitué : « *Promissor Stichi, post moram ab eo factam mortuo Sticho, si constituerit se pretium ejus soluturum, tenetur* ».(1).

Il fallait donc, quand on faisait un constitut avec modification de l'objet de l'obligation primitive, qu'il y eût une fixation, une détermination, une « *æstimatio rei* » préalable, tout au moins contemporaine.

Au constitut avec changement d'objet nous pouvons rattacher le constitut d'une obligation alternative : Titius doit à Mœvius Pamphile ou cent : il constitue cent : il ne pourra plus se libérer en payant Pamphile : « *Illud aut illud debuit, et constituit alterum, an vel alterum, quod non constituit, solvere possit quæsitum est? Dixi non esse audiendum, si velit hodie fidem constitutæ rei frangere* » f. 25, h. t. C'est absolument comme s'il avait payé, il n'aurait pas la *condictio indebiti*. Est-ce un effet propre au constitut, comme le soutient Bruns? (*Kleinere Schriften*, p. 268) nous ne le pensons pas : par toute autre convention fixant le choix du débiteur on aurait atteint le même résultat. Mais remarquons, en terminant, que la fixation dont nous parlions tout à l'heure, a lieu par le fait même du constitut.

Quant à la formule, en raison même de cette détermination préalable, elle ne subit aucune modification.

III) *Constitut avec changement de lieu.*

1. Ici encore Lenel ne nous parle pas d'interpolation.

On pouvait encore, par un constitut, convenir que le paiement se réaliserait à un endroit différent du lieu de paiement primitif: ainsi à Carthage au lieu d'Ephèse. C'est ce que nous dit Ulpien : « *Eum, qui Ephesi promisit se soluturum, si constituat alio loco se soluturum teneri constat* », f. 5, pr. h. t. Supposons que le débiteur n'a pas exécuté sa promesse de constitut et qu'il soit poursuivi par l'action *pecuniæ constitutæ*, quels changements doit-on apporter à la formule? La formule de la *sponsio* reste la même et porte seulement le nouveau lieu de paiement fixé par le constitut « *si appareat Carthagini H. S. C. dare oportere constituisse* » ; il n'en est pas de même du *judicium secutorium* : dans ce cas, en effet, le *judicium secutorium* n'était autre chose que l'action *de eo quod certo loco*, une action arbitraire : il fallait donc que le débiteur fût condamné non seulement à la somme principale constituée, mais encore à une somme représentative de l'intérêt que pouvait avoir le demandeur à se faire payer à Carthage plutôt qu'à Rome, à supposer que le procès fût intenté dans cette dernière ville :

Judicium secutorium : Si paret Aulum Agerium Numerio Negidio Carthagini H. S. C. dare oportere, judex Aulum Agerium, quanti duntaxat interfuerit H. S. C. Carthagini potius quam Romæ dari tantam pecuniam condemna, s. n. p. a.

IV) *Remarque.*

Une dernière modification à apporter à la formule de l'action *pecuniæ constitutæ*, nous est indiquée pas la constitution de Justinien : il nous dit en effet que dans certains cas l'action *pecuniæ constitutæ* était soumise à la prescription annale : c'était donc une nouvelle exception que pouvait invoquer le débiteur : et voilà pourquoi il fallait ajouter à la formule de la *sponsio*, cette phrase :

« *Eamque pecuniam, intra annum quo primum experiundi potestas fuit peti* ».

CHAPITRE III

Caractères, effets, et durée de l'action pecuniæ constitutæ

Au sujet d'une action, en droit romain, les principales questions que l'on peut se poser sont les suivantes :

L'action est-elle réelle ou personnelle ? Civile ou prétorienne ? *Stricti juris* ou de bonne foi ? Pénale ou *rei persécutoire ?*

A ces diverses questions nous répondons par la définition suivante : l'action *pecuniæ constitutæ* est une action personnelle, prétorienne, *stricti juris*, et *rei persécutoire*.

Sur le premier caractère aucune difficulté.

Nous n'entendons pas par « *prétorienne* » le sens général qu'on lui donne habituellement, car on pourrait sinon, nous objecter avec raison, que toute action prétorienne a une *intentio in factum*, et notre formule n'est pas rédigée *in factum*. Nous voulons dire simplement que c'est le préteur qui accorde cette action « *favet naturali æquitate* » : mais il l'accorde à raison du fait qui se produit devant lui et ce fait c'est la *sponsio dimidiæ partis* :

mais une fois la *sponsio* conclue, l'action devient tout à fait conforme au droit civil.

Une question déjà plus délicate est celle de savoir, si l'action *pecuniæ constitutæ* est une action *strici juris* ou de bonne foi. M. Flurer la croit de bonne foi bien qu'étant prétorienne, et il appuie cette opinion sur le fragment 16, § 1, h. t. Nous avons déjà donné le sens de ce texte, où il s'agit d'un constitut avec changement du lieu de paiement : il en résulte, dans la formule, une substitution de l'action de *eo quod certo loco* à la *condictio certæ pecuniæ* : on appliquera donc les principes de l'action de *eo quod certo loco,* qui est arbitraire, et on pourra permettre au débiteur de payer à un autre endroit, mais à la condition d'estimer l'intérêt qu'avait le créancier à être payé au lieu convenu. Mais nous ne pensons pas qu'on puisse conclure au caractère de bonne foi de notre action, d'un fait qui n'est que la conséquence naturelle du caractère arbitraire de l'action de *eo quod certo loco.* Nous nous en tiendrons donc aux principes : toute convention unilatérale donne naissance à une action *sticti juris*. Ce principe nous l'appuierons des considérations suivantes : d'abord l'action *pecuniæ constitutæ* dérivait de la *condictio certæ pecuniæ* qui était l'action *stricti juris* par excellence : de plus pour qu'une action fût de bonne foi il fallait qu'une certaine latitude fût laissée à l'*officium judicis,* par exemple qu'il eût à apprécier des obligations réciproques des deux parties, ce qui arrivait pour les contrats synallagmatiques. Mais ici quel est l'*officium judicis* ? Y a-t-il eu constitut? La dette constituée était-elle *pecunia debita* ? Le débiteur a-t-il payé? Les réponses à ces questions ne sont pas susceptibles de plus ou de moins. Enfin nous invoquerons les expressions même des textes : « *subveniri reo debere* », f. 16, § 3, h. t., « *succurri reo* », f. 17, h. t. et surtout « *etsi stricto jure manet obligatus* », f. 30, h. t.

Là où la controverse devient tout à fait sérieuse, d'autant plus qu'elle paraît avoir déjà existé au temps d'Ulpien, c'est sur le point de savoir si l'action *pecuniæ constitutæ* était pénale ou *rei persécutoire*. » *E re autem est hic subjungere, utrum pœnam contineat hæc actio, an rei persecutionem? Et magis est, ut etiam Marcellus putat, ut rei sit persecutio* », f. 18, § 2, h. t.

Voici comment Bruns et ses partisans expliquent qu'une telle discussion fût possible. La *sponsio dimidiæ partis* n'a rien à voir ici : d'abord elle n'était que facultative sinon à l'origine, du moins d'une façon certaine à l'époque de Marcellus : de plus l'action qui naissait de la *sponsio* était *rei persécutoire*, et à ce point de vue l'action *pecuniæ constitutæ* n'était pas plus pénale que l'*actio certæ pecuniæ* ; enfin comment les compilateurs auraient-ils conservé ce fragment, dernier vestige de l'ancien droit, puisque depuis longtemps déjà la *sponsio* avait complètement disparu ? C'est donc dans la nature même de l'action qu'il faut rechercher la raison de la discussion que nous signale Ulpien : or on se souvient que dans la doctrine de Bruns l'*actio pecuniæ constitutæ* est une action *in factum* en réclamation de dommages-intérêts : étant donné ce caractère, ne peut-on pas regarder comme pénale, une action par laquelle on réclame une indemnité pour violation d'une promesse, une action qui est fondée sur le « *grave est fidem fallere* » ? Et l'on ne saurait objecter qu'elle reposait sur un pacte, sur un contrat qui ne pouvait jamais donner naissance à une action pénale ; à vrai dire, en effet, cette action ne reposait pas sur un pacte, puisqu'en droit romain les pactes ne donnaient pas naissance à une action ; son fondement était simplement la rupture de la foi promise. Et l'on pouvait dire de l'action *pecuniæ constitutæ* ce qu'on disait d'une autre action pénale unilatérale : « *hæc actio non est pœnalis sed rei persecutionem arbitrio judicis continet : quare et hæredi dabitur : in hæredem autem, vel post annum non dabitur quia pertinet quidem ad rei persecutionem videtur autem ex delicto dari* », f. 4, § 6, ff. 5, 6, 7, *de aliena jud. mut. causa.* Plus tard, en raison de toutes les extensions faites du constitut par Justinien, la nature de l'action *pecuniæ constitutæ* devait forcément se modifier : autrefois c'était une action pénale unilatérale pour inexécution du constitut, maintenant elle est devenue une action contractuelle en exécution du constitut. Dès lors le f. 18, § 2, n'est plus qu'une trivialité incompréhensible tandis qu'autrefois ce caractère pénal touchait à l'essence même de l'action.

Pour Bruns l'action *pecuniæ constitutæ* fut à l'origine une action pénale.

Nous avons repoussé la formule que Bruns nous donnait de l'action *pecuniæ constitutæ*, et par là même le fondement de son action en dommages-intérêts. Nous avons établi la nécessité de la *sponsio dimidiæ partis* : c'est par cette *sponsio*, qu'il faut, suivant nous, expliquer le fragment d'Ulpien. L'existence de cette *sponsio*, en effet, permettait de douter si l'action était pénale ou non : ne pouvait-on pas regarder comme une « *pœna* » cette augmentation de moitié ? Bruns dit bien que du temps de Marcellus la *sponsio* n'existait plus : mais il ne le prouve nullement. De plus pourquoi dire que l'action était pénale à l'origine, alors qu'Ulpien et Marcellus décident qu'elle était *rei persécutoire* : et cela avec raison, malgré la présence de la *sponsio* : car à supposer que la *sponsio* fût une « *pœna* » c'était une *pœna* réciproque : et d'ailleurs ce n'était là qu'une manière d'engager le procès, qui n'enlevait aucunement à la réclamation son véritable caractère elle restait ce qu'elle avait toujours été, une simple réclamation de dette.

Donc pas plus sous Marcellus et Ulpien que sous Justinien l'action *pecuniæ constitutæ* ne fut une action pénale.

Bruns, fort logiquement d'ailleurs, rattache à ce prétendu caractère pénal de l'action, la question de l'intransmissibilité de l'action *pecuniæ constitutæ* contre les héritiers du débiteur : l'intransmissibilité passive est en effet un des caractères distinctifs des actions pénales, Nous allons voir que la transmissibilité active, et l'intransmissibilité passive de notre action, s'expliquent suffisamment par l'existence de la *sponsio*.

Cette question nous est indiquée dans la constitution

de Justinien : par les expressions qu'il emploie il est hors de doute que l'action *pecuniæ contitutæ* passait aux héritiers du créancier, et cela de tous temps. Il n'y avait aucune bonne raison de la déclarer intransmissible : comme les autres actions elle faisait partie du patrimoine du *de cujus*. Le préteur n'avait aucun motif de la refuser aux héritiers du créancier : pourquoi les empêcher, s'ils le voulaient, de se soumettre à une preuve d'autant plus difficile, que le débiteur pouvait parfaitement leur répondre que l'inexécution de sa promesse ne devait pas lui être imputée à faute, mais bien être attribuée à la mort du *de cujus*, et à leur négligence à se faire connaître plus tôt ? C'était donc à leurs risques et périls, et libre à eux d'intenter l'action *pecuniæ constitutæ*, et de s'exposer au danger de la *sponsio*.

De ces mêmes expressions de Justinien il résulte que l'action *pecuniæ constitutæ* n'était pas transmissible contre les héritiers du débiteur « *sed et heredibus et contra hæredes competat* », ce qui veut dire : Autrefois l'action ne se transmettait qu'activement : aujourd'hui, en vertu de notre constitution, elle sera aussi transmissible passivement. C'est donc une réforme de Justinien : il semble cependant, d'après la constitution 1, IV, 18, que ce caractère devait déjà exister à l'époque de Gordien : « *si pro alieno debito te soluturum constituisti : pecuniæ constitutæactio non solum adversus te, sed etiam adversus heredes tuos perpetuo competit* » 7 kal. Julias, Sirmiis C. C. Conss.

Ce serait une erreur de croire que cette réforme n'est pas l'œuvre de Justinien, et suivant nous il vaut mieux dire que la constitution de Gordien a été remaniée par les compilateurs. Le texte qui nous est donné par le Code est différent de celui qui nous est parvenu dans la *Summa perusina* : « *qui pro alieno debito promisit reddere, tenetur et heres ejus* », Heimbach, *Anekdota*, II, 47. Cette constitution de Gordien n'est qu'une partie d'un rescrit adressé à Félix par cet empereur : et la véritable date de ce rescrit se trouve dans les *Fragmenta Veronensia* (Edit. Krüeger) : la voici « p. p. VII, K. *dec. pio. et pontiano conss.* : on voit que ce n'est plus celle du Code. Voici ce que contenait le rescrit : Félix jugeant que les tuteurs de ses neveux accomplissaient mal leur gestion, avait voulu protéger ces derniers : il leur avait avancé certaines sommes, et avait même constitué des dettes pour eux. Il demande alors conseil à Gordien, notamment sur le point de savoir s'il sera tenu des dettes qu'il a constituées : et Gordien lui répond : qu'il a très bien agi en s'occupant des affaires de ses neveux, car la voix du sang devait le pousser à le faire : si les tuteurs sont coupables ou négligents, qu'il demande leur destitution, ou qu'il leur fasse adjoindre un curateur : mais quant aux dettes qu'il a constituées il sera tenu les payer. Comme on le voit il n'est pas question des héritiers de Félix : mais les compilateurs voulant tirer partie de ce rescrit, et en faire une disposition relative au constitiut, et d'autre part guidés et dominés par cette idée de mettre toute l'institution en rapport avec les nouvelles réformes de Justinien, n'hésitèrent pas, dans leur vif désir d'unification, à compléter la constitution et à y ajouter même « *sed etiam adversus heredes tuos perpetuo competit* » Sous Gordien, par conséquent, l'action *pecuniæ constitutæ* était encore intransmissible passivement.

Comment justifier ce caractère ? Nous avons repoussé la théorie qui confère à cette action un caractère pénal : ce n'est donc pas là que nous devons trouver l'explication de cette intransmissibilité. Mais, suivant nous, ce caractère est la conséquence naturelle de l'exonération de la *sponsio* pour les héritiers, que Gaius nous signale au paragraphe 172, Com. IV. Et cette exonération se justifie par cette idée qu'ils pouvaient avoir complètement ignoré la promesse de leur auteur.

Quels sont les effets de l'*actio pecuniæ constitutæ ?*

Nous pouvons envisager plusieurs hypothèses :

1° Le demandeur triomphait sur la *sponsio* : dans ce cas il est évident qu'il devait aussi avoir gain de cause sur le *judicium secutorium :* tout était terminé : supposons que la dette primitive fût de cent sesterces : le demandeur obtenait en fin de compte 150 sesterces.

2° Le défendeur triomphait sur la *sponsio*, parce qu'une des conditions essentielles exprimées par la formule faisait défaut : ainsi il y avait eu paiement ou satisfaction : ou bien la dette n'avait jamais existé : il est évident que cette décision sur la *sponsio* préjugeait de la décision sur le *judicium secutorium* : le demandeur était donc débouté de sa réclamation sur la dette principale, cent, et il devait de plus payer la moitié de cette somme en raison de la *restipulatio* du défendeur.

3° Enfin le demandeur pouvait encore succomber dans la *sponsio*, parce qu'une des conditions que nous appellerons secondaires, n'était pas remplie : ainsi il n'y avait jamais eu de constitut, ou bien l'inexécution ou le non paiement devait être attribué au créancier « *si non per actorem stetit* ». Dans ce cas il perdait sa *sponsio*, mais de plus il devait payer la *restipulatio :* seulement, comme nous l'avons vu, la *litis contestatio* n'avait pas d'effet sur le *judicium secutorium*, et le créancier pouvait encore agir contre son débiteur non plus en vertu de l'action *pecuniæ constitutæ*, mais par l'action *certæ pecuniæ*, avec la *sponsio tertiæ partis*.

Nous croyons qu'il est bon d'étudier ici une autre question, qui rigoureusement devrait être examinée à propos de l'extinction de l'obligation née du constitut, mais qui se rattache à notre étude en ce qu'elle est une exception opposable à l'action *pecuniæ constitutæ*. Le paiement, ou l'exécution de l'obligation principale, empêchent-ils le créancier d'agir par l'action *pecuniæ constitutæ ?* Ce paiement peut être l'œuvre du débiteur lui-même ou d'une tierce personne sans que le débiteur le sache. Assurément, si la formule ne contenait aucune mention de ce fait, le juge serait obligé de condamner le débiteur à payer une seconde fois : et cependant nul n'est forcé de payer une seconde fois. Suivant nous l'objet de l'obligation primitive disparaissant, l'obligation du constitut ne reposait plus sur aucun fondement et devait forcément s'éteindre. Ce n'est pas l'avis de Bruns : d'après lui l'obligation née du constitut, une fois créée, peut vivre d'une vie indépendante de celle de l'obligation primitive : pour qu'il y ait lieu à action *pecuniæ constitutæ* il suffit d'abord qu'il y ait eu constitut valablement conclu : ensuite que la promesse faite n'ait pas été exécutée. Le paiement de l'ancienne dette lui-même, n'éteint pas l'obligation née du constitut : pour que ce résultat se produise, il faut ou une exécution complète, ou tout au moins une satisfaction de l'obligation *ex constituto* : et cela sera impossible au cas où le constitut apporte une modification de l'ancienne dette, soit quant au terme, soit quant au lieu, soit quant à l'objet, soit quant aux personnes.

On voit à quelles arguties Bruns est obligé d'avoir recours : cette indépendance des deux obligations n'existe que dans son imagination : si l'on peut dire que l'obligation principale persiste, alors que l'obligation née du constitut disparaît, la réciproque n'est pas vraie, et l'obligation *ex constituto* est étroitement liée au sort de l'obligation principale. Sans doute c'est une condition essentielle que la dette existe au moment où le constitut est conclu : mais elle n'est pas suffisante : et il faut encore, qu'au moment où il intente l'action *pecuniæ constitutæ*, le créancier soit encore en possession de la créance primitive, qui est le pivot de toute la convention.

Et l'équité naturelle n'exige-t-elle pas qu'on ne soit

pas obligé de payer une seconde fois ce qu'on a déjà payé? C'est cependant à ce résultat qu'on arriverait avec l'action *in factum* de Bruns: et c'est pour être logique avec lui-même qu'il fait le raisonnement que nous venons d'entendre. Avec notre formule au contraire il ne pouvait en être ainsi: si la formule de la *sponsio* ne contenait aucune exception formelle à ce sujet, quand il arrivait au *judicium secutorium* le juge constatait que ce *judicium secutorium* n'avait plus sa raison d'être, son fondement puisque l'obligation qu'il relatait n'existait plus. Or le *judicium secutorium* était le contre-poids de la *sponsio*, et si on peut dire qu'il pouvait se maintenir alors même que la *sponsio*, tombait, on ne peut pas dire inversement que la *sponsio* subsistait encore si le *judicium secutorium* disparaissait faute d'objet.

Quelle était la durée de l'action *pecuniæ constitutæ* ?

L'action *pecuniæ constitutæ* s'éteignait par la prescription : le plus souvent par la prescription de 30 ans: mais dans sa constitution Justinien nous dit que dans certains cas l'action ne durait qu'un an. Quels étaient ces cas?

On a soutenu que la prescription annale était applicable à l'action naissant du *constitutum alieni debiti* : Bruns a répondu que si on pouvait tirer un argument des textes, ce serait plutôt pour prouver que l'annalité s'applique à l'action *pecuniæ constitutæ, proprii debiti*. La constitution de Gordien (IV, 18), ne nous dit-elle pas formellement qu'en cas de constitut *alieni debiti* l'action était perpétuelle? On sait la valeur qu'il faut attacher à cette constitution. Bruns a pensé que l'action *pecuniæ constitutæ* en elle-même ne se prescrivait que par 30 ans : mais au bout d'un an on ne pouvait plus réclamer les dommages-intérêts pour retard dans l'exécution, ni l'augmentation résultant de la *sponsio dimidiæ partis*.

Ce ne sont là que des conjectures : que nous dit Justinien ? d'abord : « *in speciebus certis annalis erat* » : puis dans une phrase redondante à dessein, pour bien nous montrer que c'est lui qui est l'auteur de la réforme : « *neque sit in quocunque casu annalis : sed sive pro se quis constituat, sive pro alio, sit ipsa in tali vitæ mensura, in qua omnes personales actiones positæ sunt, id est in annorum metis triginta* ». Mais, d'après nous, il n'y a pas dans ce passage la plus petite indication sur les cas d'annalité de l'action *pecuniæ constitutæ*. Est-ce au cas de *constitutum proprii debiti*, « *sive pro se quis constituat* » ? Est-ce au cas de *constitutum alieni debiti*, « *sive pro alio* » ? Pourquoi dans l'un plutôt que dans l'autre ? Aussi notre opinion est qu'on prend une peine inutile à rechercher ces cas d'annalité : le Digeste ni le Code ne fournissent aucune indication : tant que nous n'aurons pas d'autres documents il sera impossible de faire des conjectures sérieuses. — C'est un nouveau reproche à adresser aux compilateurs.

APPENDICE Ier

De l'action « pecuniæ constitutæ » utile

Dans la procédure romaine on entendait par actions utiles, des actions que le préteur accordait, *utilatis causa,* aux demandeurs qui ne remplissaient pas toutes les conditions nécessaires à la concession de l'action naissant directement du contrat, mais qui cependant étaient dignes de sa bienveillance.

Le seul cas où, en matière de constitut, le préteur ait accordé une action utile, est le cas où le débiteur avait constitué sa dette, non au créancier lui-même, mais à une tierce personne : alors, en effet, rigoureusement, on ne pouvait donner l'action *pecuniæ constitutæ* au véritable créancier ; comme le dit très justement M. Flurer, il fallait qu'une cession intervînt au profit du créancier de l'obligation principale : mais le préteur, *utilitatis causa,* supposait cette cession faite et donnait une action utile au créancier.

Le fondement de l'action utile est donc cette idée de cession : aussi ne saurait-on voir une action utile dans l'action accordée au père de famille ou au *dominus servi,* lorsque le fils de famille ou l'esclave (f. 5, § 10, h. t.), ou même le « *bona fide serviens* », f. 6, h. t, avait reçu le constitut du débiteur. En vertu du principe : « *adquiritur etiam per eos quos in potestate habemus* », l'action passe immédiatement au père et au maître : c'est l'action directe.

Nous ne pensons pas, non plus, qu'on puisse avoir l'idée de soutenir, qu'il s'agit d'une action utile au f. 19, § 1, h. t. « *Sed is, qui pure debet, si sub conditione constituat, inquit Pomponius, in hunc utilem actionem esse* ». Il est évident que Paul emploie ici « *utilis* » au sens d' « efficace ».

Quelles sont donc les hypothèses d'action *pecuniæ constitutæ* utile, qui nous sont données par le Digeste. Nous rencontrons cette action dans deux passages :

1) « *Item tutori pupilli constitui potest, et actori municipum, et curatori furiosi* », f. 5, § 7, h. t. « *Si actori municipum, vel tutori pupilli, vel curatori furiosi, vel adolescentis ita constituatur, municipibus solvi, vel pupillo, vel furioso, vel adolescenti, utilitatis gratia, puto dandam municipibus, vel pupillo, vel furioso, vel adolescenti utilem actionem* », f. 5, § 9, h. t.

Ainsi donc quand le constitut avait été fait à ces divers représentants légaux, le préteur donnait une action utile aux représentés. Et nous pensons qu'il devait en être de même pour le représentant conventionnel, c'est-à-dire pour le mandataire. De même encore pour le simple *procurator*, qui, on le sait, peut ne pas être un mandataire, mais un simple gérant d'affaires, un *factotum*, rôle joué ordinairement par les affranchis : « Julianus, lib. II, *Digestorum, scribit procuratori constitui posse : quod Pomponius ita interpretatur, ut ipsi procuratori constituas te soluturum, non domino* », f. 5, § 5, h. t.

2°) « *Si post constitutam tibi pecuniam, hereditatem ex senatusconsulto Trebelliano restitueris, quoniam sortis petitionem tránstulisti ad alium, deneganda est tibi, pecuniæ constitutæ actio. Idem est in hereditatis possessore post evictam hereditatem. Sed magis est, ut fideicommissario, vel ei qui vicit deneganda esset actio* » f. 22, h. t. L'héritier fiduciaire qui avait reçu le constitut du débiteur, n'avait donc pas l'action *pecuniæ constitutæ* : le préteur la donnait à l'héritier fidéicommissaire. Coppello voit dans cette hypothèse une application de la transmissibilité active : c'est une erreur, suivant nous, car le constitut a été fait non pas au *de cujus*, mais à l'héritier fiduciaire : il ne peut être question de transmissibilité pour une action qui n'est pas née sur la tête du *de cujus*. Il vaut mieux dire qu'il s'agit encore ici d'une action *pecuniæ constitutæ* utile donnée par le préteur pour éviter les prescriptions rigoureures du sénatus-consulte Tribellien : en effet par la restitution qu'il faisait de l'hérédité, à l'héritier fidéicommissaire, l'héritier fiduciaire ne lui transmettait que les droits et actions nés sur la tête du *de cujus* : mais pour ceux provenant de son fait personnel, il fallait une cession et pour cette cession l'héritier véritable avait une action : le préteur suppose la cession faite, et donne une action utile à l'héritier fidéicommissaire.

APPENDICE II

L'action « pecuniæ constitutæ » sous Justinien

En 531, après un examen sévère fait par les compilateurs des fragments qui se rapportaient au *receptum* et à l'*actio receptitia*, Justinien promulgua cette célèbre constitution par laquelle l'action *receptitia* était complètement supprimée, ou plutôt venait se fondre dans l'action *pecuniæ constitutæ* qui lui empruntait la plupart de ses caractères.

Quelles différences séparaient les deux actions ? Quelle fut la réforme ? Pourquoi eut-elle lieu et comment se justifie-t-elle ? Telles sont les questions qu'il nous reste à examiner.

A en juger par les nombreuses différences qui séparent les deux institutions, on a le droit de s'étonner de la confusion effectuée par Justinien.

Le *receptum* était particulier aux banquiers : le constitut pouvait être fait par toute personne capable de s'obliger.

Le *receptum* était applicable à toutes sortes de choses : le constitut n'était possible que des choses fongibles.

Le *receptum* était conclu *solemnibus verbis* : le constitut était un simple pacte sans solennité d'aucune sorte.

Le *receptum* pouvait avoir lieu « *etiam si quid non fuerat debitum* » : la condition essentielle du constitut était : « *eamque pecuniam fuisse debitam* ».

L'*actio recepticia* n'était jamais annale et se transmettait aux héritiers soit du créancier, soit du débiteur : au contraire l'*actio pecuniæ constitutæ* était dans certains cas annale et n'était pas transmissible passivement.

Dans la réforme de Justinien le constitut s'appliquera à toutes sortes de dettes : plus de prescription annale : la transmissibilité passive est reconnue. Toutefois la condition essentielle « *pecuniam debitam fuisse* » reste avec toute sa force et à ce point de vue c'est le constitut qui empiète sur le *receptum*. C'est même la raison de la disparition du *receptum* : Justinien ne pouvait concevoir que le banquier fût obligé de payer alors même qu'il n'y avait jamais eu de dette : et il dit : « *Cum satis absurdum et tam nostris temporibus quam nostris legibus contrarium sit permittere per actionem receptitiam res indebitas consequi...* »

Mais si nous pouvons ainsi justifier la disparition du *receptum*, nous devons également donner la raison de la substitution du constitut au *receptum*. Ce n'est suivant nous que la conséquence logique de l'évolution historique du pacte de constitut.

Depuis longtemps en effet la *sponsio dimidiæ partis* avait disparu de l'usage : dès lors le constitut *proprii debiti*, qui à l'époque classique était d'une application fréquente

— notre titre au Digeste s'occupe presque exclusivement de lui — le constitut *proprii debiti* n'avait plus aucun intérêt. En quoi l'action *pecuniæ constitutæ* différait-elle de l'action *pecuniæ creditæ,* puisqu'il fallait toujours prouver l'existence de l'ancienne obligation : ce n'était pas une reconnaissance de dette : tout au plus pourrait-on lui attribuer un avantage purement moral : « *Quia grave est fidem fallere* », ces mots peuvent faire impression sur le juge.

Au contraire le constitut *debiti alieni* prenait une grande extension avant Justinien et à son époque, or rien de plus semblable que le *receptum* du banquier et le constitut *debiti alieni.* « *Receptum* » vient en effet de « *recipere* » ou « *in se, ad se recipere* » : ce qui veut dire prendre pour soi une obligation, ou simplement promettre : mais le cas le plus fréquent de *receptum* fut celui où on récipait la dette d'autrui : par conséquent où l'on promettait de payer à un tiers la dette d'autrui. Toutefois l'idée du *receptum* est plus large que celle du constitut et on peut établir ainsi la différence : celui qui recipe ne fait pas toujours un constitut : mais celui qui constitue fait toujours un *receptum.* Dès lors on ne doit pas s'étonner de cette confusion ; et c'est un nouvel argument en faveur de notre théorie, puisque cette confusion s'explique par la quasi-disparition du constitut *proprii debiti* devenu inutile par suite de la suppression de la *sponsio.*

Le *constitutum debiti alieni* finit par se spécialiser dans le constitut fait par le banquier, et il faut bien remarquer que dans cette opération l'élément essentiel fut la confiance inspirée par le banquier. Et ainsi le constitut *debiti alieni* changea de caractère. Nous avons vu que dans la période classique il n'était nullement une *intercessio* : sous Justinien au contraire il devient un moyen de cautionner en dehors de toute stipulation : et cela était possible puisque la règle : « *Nudum pactum actionem non parit* » avait disparu : c'est ainsi que nous voyons Justinien étendre à ce nouveau fidéjusseur les bénéfices de division et de discussion.

Donc sous Justinien le pacte de constitut était complètement dégradé : le constitut *proprii debiti* étant dépourvu de toute utilité pratique, le constitut *debiti alieni* n'étant qu'une sorte d'*intercessio*, spéciale à une certaine catégorie de personnes, il ne restait plus de l'institution ancienne, que le nom et ce nom ne correspondait à aucune idée particulière. Dès lors on ne peut s'étonner de cette confusion de l'action *pecuniæ constitutæ* avec l'action *receptitia* qui, elle, était bien une action *in factum*.

La théorie que nous avons essayé de dégager est-elle la vraie? on ne peut l'affirmer : nous avons entrevu quelques critiques, et nous avons essayé d'y répondre sans toutefois les formuler. Mais cependant nous estimons que l'idée maîtresse, qui a guidé l'auteur dont nous nous sommes inspiré, est vraie : l'institution du constitut, pour être bien comprise, doit être étudiée à un point de vue historique, abstraction faite de la réforme de Justinien venue à une époque où elle avait perdu son essence primitive : il faut pour la période classique, s'en tenir aux textes de Gaius et du Digeste, ces derniers rétablis dans leur intégrité : il faut enfin partir de cette idée que le constitut devait présenter un intérêt pratique spécial : jusqu'à preuve contraire nous pensons, avec Coppello, que cet avantage, pivot de l'institution, c'était la *sponsio dimidiæ partis*.

DROIT FRANÇAIS

THÉORIE GÉNÉRALE DE LA SIMULATION DANS LES DONATIONS

INTRODUCTION

Notions générales et historiques.

Un acte juridique est simulé, quand il n'est pas l'expression sincère de la volonté des parties : la simulation est un mensonge des parties, mais un mensonge bilatéral et c'est ce caractère qui la distingue du dol. La simulation, en effet, résulte d'une entente entre les cocontractants, tandis que le dol est une manœuvre frauduleuse le plus souvent ignorée de la partie qui en est la victime.

La simulation peut être « absolue » ou bien « relative » :

« *Absolue* » : lorsqu'il n'y a pas eu d'acte du tout, et que les patrimoines respectifs des parties n'ont subi aucune modication : cette simulation se rencontre fréquemment en matière de faillite.

« *Relative* » : quand les parties ont bien voulu faire un acte, mais que le résultat qu'elles se sont proposé d'atteindre, ne correspond pas aux formes employées. Cette seconde espèce de simulation peut se manifester sous deux formes, le déguisement et l'interposition des personnes :

1) *Le déguisement* : les parties ont employé les formes d'un contrat, mais elles ont eu l'intention de lui faire produire des effets différents de ses effets naturels : ainsi sous forme de vente elles ont voulu faire une donation : l'élément qui fait défaut c'est le paiement du prix, de sorte que le prétendu vendeur n'est qu'un donateur, le prétendu acheteur, un donataire.

2) *L'interposition des personnes* : par suite d'un concert entre les parties l'acte profitera à une tierce personne, qui n'est nullement indiquée dans le contrat : comme l'indique l'expression il y a une personne interposée entre le disposant et le bénéficiaire véritable.

Tout ce qui n'est pas défendu par la loi est permis : si donc l'acte simulé ne viole aucune disposition prohibitive de la loi, il produira tous les effets que les parties ont voulu lui faire produire : « *plus valet quod agitur quam quod simulatur* ». — Mais si les parties ont agi avec l'intention de faire fraude à la loi, l'acte subira le sort qu'il aurait subi s'il eût été réel : on ne peut pas faire indirectement ce qu'on ne peut faire directement.

Ces deux principes de bon sens, n'ont pas été édictés par la loi en termes formels : et toutefois le législateur s'en est occupé d'une façon particulière au sujet des donations. En raison du danger que présentent les actes à titre gratuit soit pour le disposant soit pour sa famille, soit même pour la société, le législateur a apporté à la faculté de disposer de nombreuses restrictions ; ces restrictions ont fait des donations, un champ d'exercice des plus propices pour l'esprit de fraude. Il n'est donc pas étonnant qu'on s'en soit préoccupé.

Ce n'est pas à dire cependant que, en matière de donations la simulation cachera toujours une intention frauduleuse : qu'adviendra-t-il alors de l'acte ainsi simulé ? Nous indiquons ainsi que notre étude portera sur deux points distincts : quel est le sort des donations entachées de simulation frauduleuse ? Les mêmes règles devront-elles s'appliquer aux donations entachées de simulation non frauduleuse ? Mais avant d'aborder le détail, nous devons examiner dans un bref historique si notre Code civil s'est écarté des traditions du droit romain et de notre ancien droit.

I) *Droit Romain.*

Ce serait une erreur de croire que les Romains n'ont pas connu la théorie de la simulation : ils avaient l'esprit juridique trop développé : ils devaient forcément être frappés de la facilité qu'on a à tourner la loi et à dépasser les précautions du législateur : ils devaient prévoir ces fraudes et en organiser la répression. Il est vrai qu'on ne rencontre pas dans le Digeste une théorie d'ensemble de la simulation : mais des fragments nombreux nous montrent qu'ils en avaient une notion exacte : et la théorie générale se trouve au Code, au titre 22 du livre IV, dont la rubrique significative porte : « *plus valere quod agitur, quam quod simulate concipitur.* » C'est plutôt une théorie du déguisement proprement dit que ce titre nous donne, mais nous verrons également que la théorie de l'interposition de personnes était tout aussi bien organisée que chez nous.

Le principe, c'est que dans un contrat l'écrit n'est rien le fond c'est tout ; le juge ne doit pas s'attacher à la forme qu'affecte un acte : il doit sonder l'intention des parties, rechercher uniquement le but véritable qu'elles se sont proposé d'atteindre. Il faut, de plus, faire produire à un acte, un effet quelconque, plutôt que de le considérer comme non avenu. Ces principes sont formels : « *In contractibus rei veritas potius quam scriptura perspici debet.* » c. 1, IV, 22. Ainsi nous avons conclu une vente : mais en réalité, moi, acheteur, j'ai simplement voulu que vous me constituiez un gage, et vous, vendeur, vous avez eu la même intention ; c'est donc d'une constitution de gage qu'il s'agit et non d'une vente ; les effets produits seront ceux de la constitution de gage. « *Emptione pigno-*

ris causa facta, non quod scriptum est, sed quod gestum est inspicitur », c. 3, h. t.

Mais cependant en sera-t-il de même, lorsqu'en se servant de la forme d'un contrat, de certaines paroles ou de certains écrits, les parties auront voulu tourner une disposition de la loi? Un tel acte sera nul : « *Non dubium est in legem committere eum, qui verba legis amplexus, contra legis nititur voluntatem. Nec pœnas insertas legibus evitabit, que se contra juris sententiam, saeva prærogativa verborum fraudulenter excusat. Nullum enim pactum, nullam conventionem, nullum contractum inter eos volumus subsecutum, qui contrahunt, lege contrahere prohibente* », c. 5, I, 14.

Tels sont les principes: nous allons maintenant rechercher leur application à la matière des donations. Nous étudierons d'abord la théorie du déguisement.

1° *Donations déguisées sous la forme de contrats à titre onéreux.*

On ne saurait douter que dans l'ancien droit romain, il n'y avait pas de théorie du déguisement, pour ce simple motif qu'elle n'avait aucune raison d'être. La seule forme de contrat, en effet, était la stipulation : c'était le seul moyen de faire une donation : nulle autre convention n'eût pu opérer une aliénation à titre gratuit, dès lors pourquoi recourir au déguisement.

Mais dans la période classique on avait tout intérêt à recourir au déguisement sous forme de vente pour éviter les termes étroits et les conséquences rigoureuses de la stipulation, cela pour deux raisons : d'abord on avait reconnu la vente *solo consensu:* et en second lieu la convention de donner n'était pas encore munie d'action : ce ne fut qu'à l'époque d'Antonin qu'elle devint un pacte légitime, et seulement entre ascendants et descendants. Il était donc tout naturel de déguiser les donations sous forme de ventes. Mais quelle était la valeur de cet acte qui n'était pas une vente puisque l'intention des parties n'était pas de faire une vente, qui n'était pas non plus une donation, puisqu'elle avait eu lieu sous forme de vente et non sous forme de stipulation ? On appliquera les principes dont nous avons parlé plus haut : l'acte produira les effets de la donation, et non ceux de la vente comme le voudrait la forme qu'il affecte. Et les exemples abondent dans les textes du Digeste et du Code : s'il y a eu contrat de vente simulé il n'y a pas vente, f. 36, XVIII, 1 — C. 3 et 9, IV, 38. Si l'on a fait une donation sous forme de vente on usucapera « *pro donato* » et non « *pro emptore* », f. 6, XLI, 6. Si l'on a vendu une chose à un plus bas prix que sa valeur réelle, la vente vaudra comme donation : f. 38, XVIII, 1. Et il en sera de même si la donation est déguisée sous la forme d'un autre contrat à titre onéreux, le louage par exemple : « *Si quis conduxerit nummo uno conductio nulla est, quia et hœc donationis instar inducit* », f. 46, XIX, 2.

Nous ne faisons que citer et traduire les textes : que disent-ils ? Le contrat est nul, mais il y a donation. Nous ne pensons pas qu'on puisse soutenir le contraire : et cette remarque est de la plus grande importance, car plus tard, dans une discussion très grave, nous aurons à invoquer ces textes.

Mais appliquerons-nous les mêmes règles, si la forme d'un contrat n'a servi qu'à tourner une disposition de la loi ? On suit toujours les principes généraux : l'acte sera nul : ainsi lorsque la vente aura été conclue entre personnes incapables de recevoir par donation, ce qui nous place dans l'hypothèse de notre article 911. Ulpien nous dit, d'après Julien : « *venditionem esse nullius momenti* », f. 5, § 5, XXIV, 1. « *Inter virum et uxorem donationis causa venditio facta pretio viliore, nullius momenti est* », f. 38, *in fine*, XVIII, 1. Même solution si on a revêtu la donation des formes d'un autre contrat. Le mari a deux débiteurs, Titius et sa femme : il fait acceptilation à sa femme : ni Titius ni la femme ne sont libérés, f. 5, § 1, XVIII, 1. — Remarquons encore la différence des expressions : alors que tout à l'heure nous entendions « *venditio, conductio, nulla est* », nous trouvons maintenant « *nullius momenti est* » : l'acte ne saurait valoir ni comme donation ni comme vente.

La théorie du déguisement en droit romain est donc des plus nettes : la vente simulée faite sans fraude à la loi, vaut comme donation : au contraire faite à un incapable elle reste sans effet. N'est-ce pas là notre article 911 ?

2°) *Donations par personne interposée.*

Les Romains n'ont pas moins bien organisé la répression de la fraude sous forme d'interposition de personnes : ils ont même, suivant nous, connu la distinction entre l'interposition légale et l'interposition de fait :

A). *Interposition légale.*

On dit ordinairement qu'en droit romain il n'y avait pas de présomptions légales d'interposition ; c'est aussi notre avis, mais seulement lorsqu'il s'agit de personnes qui n'acquièrent pas pour elles mêmes, mais pour ceux qui les ont en leur puissance : tels sont les enfants et les esclaves du conjoint donataire. Mais nous pensons qu'on établit de véritables présomptions légales en étendant la prohibition de recevoir aux pères, aux frères et sœurs du mari ou de la femme, f. 3, § 2 et § 6 ; f. 32 § 16, XXIV, 1. Il n'y a pas de présomption légale, nous dira-t-on, parce que l'interposition n'a lieu qu'en raison de la communauté de patrimoines, et la preuve c'est que l'interposition n'existe plus, si cette communauté d'intérêts vient à disparaître : les textes sont formels. Nous le voulons bien : mais raisonner ainsi c'est confondre la présomption d'interposition elle-même avec le fondement de cette présomption : il y a une présomption d'interposition qui repose sur l'idée de communauté de patrimoines, de la même façon que les présomptions de notre article 911 reposent sur une idée d'affection ; elle disparaît quand il n'y a plus communauté de patrimoines : de même le législateur du Code civil aurait pu dire que les présomptions d'interposition de l'article 911 tombaient au cas de déchéance de la puissance paternelle, ou d'émancipation ou de divorce.

B) *Interposition de fait.*

Le droit romain n'admettait pas davantage que l'on pût faire une donation à une personne avec fidéicommis de restitution à un incapable : c'est ce qui résulte nettement du f. 3 § 9, XXIV, 1 : « *non tantum autem per se maritus et uxor, ceteræque personæ dare non possunt* ». Mais il faut un fidéicommis formel ou tacite : d'autres textes nous le prouvent, et nous montrent aussi que la sanction était différente de celle que nous donne l'article 911, C. c. Aujourd'hui en effet la donation faite à un incapable par personne interposée, n'est valable ni à l'égard du donataire incapable, ni à l'égard de l'interposé : — en droit romain la sanction variait avec la nature du fidéicommis : si le fidéicommis était public, alors la donation profitait à l'interposé ; mais s'il était secret la donation était nulle tant à l'égard de l'incapable qu'à l'égard de l'interposé, et elle profitait au fisc, et non pas au donateur comme chez nous, f. 103, XXX ; f. 129 § 1, XXX ; f. 3, XLIX, 14.

II. — *Ancien droit.*

Notre ancien droit a continué la tradition romaine : il a appliqué le principe : « *plus valet quod agitur quam quod simulatur* ». Nous allons procéder suivant la même distinction que nous avons faite pour le droit romain.

1° *Donations déguisées sous forme de contrat à titre onéreux.*

Il n'est guère utile de s'occuper de la théorie du déguisement dans les seize premiers siècles : il n'y avait pour ainsi dire aucune formalité spéciale en matière de donations, et de plus on suivait les principes du droit romain : la donation déguisée est valable si elle n'est pas faite en fraude de la loi, et nulle dans le cas contraire. Quant à la preuve du déguisement elle consistera à démontrer que le prix n'a pas été payé, ce qui pourra résulter de présomptions violentes : par exemple le donateur est mort peu après avoir fait la donation : le prix stipulé était considérable, et les ressources de l'acheteur étaient notoirement insuffisantes.

Mais au XVIIIe siècle l'ordonnance de Louis XV de 1731 donne à la question une importance considérable : L'article 1er de cette ordonnance est ainsi conçu : « Tous actes portant donations entre vifs seront passés par devant notaires, et il en restera minute à peine de nullité ». Dès lors n'est-on pas en droit de dire, que toute donation sera nulle en l'absence de ces formalités ? C'est bien ce que l'on a soutenu : on invoque le témoignage de d'Aguesseau qui dit formellement que le but de l'ordonnance a été de manifester les donations par des solennités de formes, de prévenir les fraudes et les surprises par les solennités de l'acte. Pothier lui aussi soutient que la donation est nulle, qui n'est pas revêtue de ces formalités.

Tout cela est vrai : mais nous répondons que l'ordonnance, que d'Aguesseau, que Pothier veulent parler des donations expresses et qu'ils laissent intacte la question des donations déguisées. Et à notre tour nous citerons les paroles de Furgole (*Questions sur les donations*, t. I) : « L'intention du législateur n'a pas été de supprimer ou d'abroger les donations tacites dans le cas où elles sont présumés... mais seulement de régler la forme des donations expresses, et qui sont pratiquées le plus communément : cela paraît des premières paroles de notre texte ». Et plus loin il insiste à nouveau : « D'ailleurs notre texte, par les mots tous actes portant donations entre vifs, fait comprendre qu'il n'entend parler que des donations expresses, dont on avait accoutumé de dresser des actes pour la preuve de la donation ». On nous objectera, sans doute, que par donations tacites Furgole n'entend pas les donations déguisées, et que pour bien comprendre le sens de ces expressions il faut se reporter aux explications du cardinal Mantica, à qui Furgole lui-même nous renvoie. Furgole, suivant nous, s'explique aussi clairement que possible en disant que l'article premier de l'ordonnance de 1731 n'a trait qu'aux donations expresses : « or nous ne pensons pas que l'on puisse placer les donations déguisées dans la catégorie des donations expresses :.... » ce sont évidemment des donations tacites. Ricard lui aussi s'exprime dans le même sens : « Pour juger d'un contrat on considère la substance et l'intention des parties, et non pas le nom que les parties lui ont donné ;... toute donation déguisée du nom de vente est une donation et en subit toutes les lois ». Et Pothier, lui aussi, nous dit en parlant d'une vente à vil prix : « Un tel contrat n'est donc pas une vente mais une donation faussement qualifiée de vente, laquelle doit être sujette à toutes les formalités des donations et ne peut être valable qu'entre personnes capables de se donner ». Ces lois, ces formalités dont parlent Ricard et Pothier, ce sont, suivant nous, les règles de fond des donations ; ce qui le prouve c'est la fin du passage de Pothier : « elles ne peuvent être valables qu'entre personnes capables de se donner ». Mais alors elles sont valables bien qu'elles soient faites sous forme de vente.

2° *Donations par personne interposée.*

La principale incapacité dans l'ancien droit, est celle dont sont frappés les tuteurs par rapport aux mineurs dont ils administrent les biens.

A) *Interposition légale.*

L'exemple le plus ancien d'interposition légale nous est donné par l'ordonnance de 1320, de Philippe IV, interdisant aux juges de recevoir des donations des plaideurs : « *Imo diligentiam adhibebunt ne uxores eorum, vel pérsonœ proxime nominatœ, dona vel munera recipiant* ». L'ordonnance de St-Louis (1254) était conçue dans les mêmes termes.

L'ordonnance de 1549 qui s'occupe de l'incapacité des tuteurs, n'a trait qu'à l'interposition de fait ; mais les coutumes avaient étendu la prohibition aux plus proches parents, et avaient ainsi créé de véritables présomptions légales d'interposition : « Les mineurs ne peuvent donner au profit de leurs tuteurs ou à leurs enfants pendant le temps de leur administration ». Coutume d'Orléans : article 296. « Tuteurs gardains, ou curateurs, leurs enfants ou présomptifs héritiers ». Coutume de Normandie, article 415. La coutume de Paris, dans son article 276, prohibe également les donations faites par les mineurs aux enfants de leurs tuteurs : les parents des tuteurs autres que les enfants ne sont pas compris dans la prohibition, à moins qu'on ne réussisse à prouver un fidéicommis tacite. Il en est de même pour les donations faites par les malades à ceux qui les ont soignés « médecin, apothicaire ou chirurgien pendant sa maladie, ni à leurs enfants ». Coutume de Paris : art. 272. « Il est à noter que notre coustume et l'ordonnance ne s'entendent pas seulement des mineurs, leurs tuteurs, curateurs, gardiens et baillistes, mais de tous ceux qui sont en puissance d'autrui les Escholiers et les malades, juges, advocats et procureurs par les raisons qui ont été dites sur l'article 272, aux médecins et apothicaires, les malades pendant leur maladie ne leur peuvent faire aucune donation, ny à leurs enfants ou autres tenus héritiers présomptifs, à cause du pouvoir qu'ils ont sur leur malade : semblable donation a été cassée et annulée par arrêt de la cour à l'audiance de la Grand Chambre du 22 février 1617, Donjat plaidant pour Pierre Gamard, apothicaire, l'une des parties, Appellant d'une part, et Jacques Autain Inthimé, d'autre, la donation faite pendant la maladie par le testateur au fils de Gamart, son filleul, déclarée nulle ». Tronçon, sur l'art. 276 de la Coutume de Paris.

Il importe peu que la personne interposée déclare

qu'elle ne veut pas profiter de la donation, parce que comme le dit Ricard, « outre qu'une semblable donation ne lèverait pas le soupçon d'une paction secrète entre des personnes si proches, il y a à considérer que dans ces espèces, on n'a pas seulement égard, pour déclarer nulles les donations, à la raison du fidéicommis, mais encore plus particulièrement à ce que ces sortes de personnes sont tellement conjointes par la raison de l'affection qui les unit réciproquement qu'elles sont considérées comme une même personne ». Il faut même aller plus loin et dire qu'on ne devra pas s'arrêter à cette circonstance que le donateur a soumis sa libéralité à certaines conditions pour empêcher la personne incapable d'en profiter, par exemple s'il lui a substitué un autre donataire.

B) *Interposition de fait.*

En dehors des personnes expressément énoncées dans les textes, les autres ne sont pas présumées interposées : il faudra prouver le fidéicommis tacite. Cependant la proximité peut servir de « *présomption dans le fait* ». Ricard nous cite un arrêt du 15 décembre 1644 par lequel fut déclaré nul « le testament fait par une jeune damoiselle pendant l'année de son noviciat en religion au profit du frère de son tuteur, qu'elle n'avait jamais connu, et qui, n'ayant pas d'enfants, avait pour habile à lui succéder son frère tuteur ».

L'édit d'Henri II de 1549, ne prévoit lui-même que l'interposition de fait : il fut rendu en complément de l'ordonnance de François Ier de 1539 qui avait donné lieu à de nombreuses difficultés notamment sur le point de savoir quelle était la durée de la prohibition : l'article 131 ne disait rien à ce sujet. L'édit d'Henri II la limite au temps de l'administration et de plus il étend la prohibition aux personnes interposées par rapport au tuteur. « Les donations qui frauduleusement seraient faites, durant le temps de l'administration, à personnes interposées venant directement ou indirectement au profit des tuteurs, curateurs, gardiens, baillistes et administrateurs seraient aussi nulles ».

Mais il faut que la donation vienne directement ou indirectement au profit du tuteur. C'est ce qui prouve, d'après Furgole, qu'il n'y a pas de présomption légale d'interposition ; il critique l'opinion de Théveneau qui dit qu'il y a une présomption d'interposition toutes les fois que la donation est faite à une personne « *in linea descendente* ». « L'interposition des personnes supposant une convention de rendre la libéralité à la personne prohibée c'est un fait qui ne peut point se présumer ; mais il faut nécessairement le prouver du moins par des conjectures fortes et concluantes. » L'ordonnance ne dit rien des enfants du tuteur, c'est donc « que la seule filiation n'est pas capable de faire présumer l'accommodation du nom et l'interposition des personnes. » La libéralité doit parvenir au tuteur directement ou indirectement. Qu'est-ce à dire ?

a) Directement. Cela se produit lorsqu'il y a une convention expresse entre le donateur et la personne interposée.

b) *Indirectement*. En raison de la puissance paternelle, ou de la communauté d'intérêts. Ainsi l'enfant non émancipé sera interposé par rapport au tuteur, son père, qui a l'usufruit de ses biens. Si au contraire la donation est faite à l'enfant émancipé du tuteur, Furgole admet avec Cujas qu'elle est valable. Il en sera de même pour les donations faites aux filles émancipées, ou qui se sont constitué tous leurs biens présents et à venir. *Quid* de la femme du tuteur ? Il faut examiner si le mari pourra ou non profiter de la donation : ainsi la donation sera nulle, s'il y a société ou communauté entre les époux, ou si la femme s'est constitué tous ses biens présents et à venir. Mais elle sera valable s'il n'y a ni société, ni constitution universelle. Telle est la théorie de Furgole : au fond, comme en droit romain, ce sont bien là de véritables présomptions.

Dans l'étude qui va suivre nous pourrons constater facilement que le Code civil est resté fidèle à la tradition. Nous étudierons successivement la simulation frauduleuse et la simulation non frauduleuse.

CHAPITRE I.

De la simulation frauduleuse

Dans deux textes du Code civil, le législateur s'est occupé de la simulation frauduleuse en matière de donations : l'article 911 pour les donations ordinaires, l'article 1099 pour les donations entre époux : ce dernier n'est que l'application de la théorie générale donnée par l'article 911, et les seules difficultés qu'il soulève ont trait à la sanction qu'il édicte ; nous les examinerons dans un appendice. Quant à la théorie générale de la simulation frauduleuse, nous en diviserons l'étude en trois sections :

Section I. — Eléments de la simulation frauduleuse.

Section II. — Preuve de la simulation frauduleuse.

Section III. — Sanction de la simulation frauduleuse.

SECTION I.

Eléments de la simulation frauduleuse

L'article 911 est ainsi conçu : « Toute disposition au

profit d'un incapable sera nulle, soit qu'on la déguise sous la forme d'un contrat onéreux, soit qu'on la fasse sous le nom de personnes interposées ».

D'après ce texte lui-même, il faut donc deux conditions : d'abord il faut qu'il y ait simulation, et en second lieu la donation simulée doit s'adresser à un incapable. Ces deux conditions feront l'objet de deux paragraphes distincts.

§ 1. — *La donation doit être simulée.*

Le Code civil indique deux moyens par lesquels on peut faire indirectement une donation à une personne à laquelle on ne pourrait l'adresser directement : on pourra, soit la déguiser sous la forme d'un contrat à titre onéreux, soit l'adresser à une personne capable qui sera chargée expressément ou tacitement de la remettre à la personne incapable.

1) *Déguisement.*

Déguiser une donation sous la forme d'un contrat à titre onéreux, c'est lui donner toutes les apparences d'un tel contrat, sans que toutefois elle en présente le caractère distinctif, qui est d'être intéressé de part et d'autre, art. 1106.

Tout contrat à titre onéreux pourra donc servir à déguiser une donation. Le plus fréquemment employé c'est la vente : tous les éléments de la vente se rencontreront, consentement, objet, stipulation d'un prix, mais en réalité le prix n'aura jamais été payé, et l'intérêt de la part du prétendu vendeur faisant absolument défaut, on se trouvera en présence d'un véritable contrat à titre gratuit. Ce n'est pas le seul moyen : le même résultat sera atteint au moyen d'une dation en paiement ou d'une reconnaissance de dette, intervenus entre deux personnes alors qu'aucune dette n'existait ; par un contrat de louage où le preneur loue la chose à vil prix, ou bien inversement en donne un loyer beaucoup plus considérable que la valeur réelle de la chose. On pourra encore déguiser une donation, par la conclusion d'un contrat de société où l'apport de l'une des parties sera purement fictif ; et à ce dernier cas on doit rattacher la reconnaissance par le mari d'un apport de la femme qui n'a jamais été effectué ; nous en trouvons une application dans un arrêt de la cour d'Alger du 19 janvier 1893 (1) : le mari avait reconnu un apport fictif de sa femme, et de plus le contrat contenait une stipulation de reprise d'apport franc et quitte de toutes dettes, quelle que fût la cause de dissolution du mariage : or on sait qu'en vertu de l'art. 299 tous les avantages tombent au cas de dissolution du mariage par le divorce ou la séparation de corps ; le mariage ayant été dissous par le divorce, c'est à bon droit que la cour d'Alger a annulé cette reconnaissance d'apport comme contenant une donation déguisée. Sous la forme d'une transaction pourra encore se cacher une donation déguisée : car l'une des parties

1. Dal, 94.2, 183.

a peut-être donné à l'autre une chose comme compensation de prétendues concessions que son adversaire était censé faire, mais qu'en réalité il n'a jamais faites.

La question de savoir s'il y a ou non déguisement est une question de pure appréciation du juge : mais ne lui sera-t-il pas possible à certains signes de reconnaître la simulation. L'indice le plus fort du déguisement sera évidemment la vilité du prix : on ne saurait voir un contrat à titre onéreux sérieux dans la vente pour 1000 francs d'une chose qui vaut 100.000 francs : de même pour un bail à un prix dérisoire, le bail « *nummo uno* » dont parlaient les Romains. Le juge pourra encore être frappé de la disproportion qui existe entre le prix considérable stipulé par le prétendu vendeur et les ressources minimes dont dispose le prétendu acheteur; cette présomption deviendra encore plus forte, si l'acheteur pour payer, a fait un emprunt qui a été immédiatement remboursé au prêteur. Il en sera encore de même lorsque le vendeur est mort peu de temps après la vente, sans qu'on ait pu dans sa succession retrouver la trace de la somme payée, ni que ses papiers portent un emploi quelconque fait par lui de cette somme. Enfin la qualité de l'acheteur lui-même, proche parent du vendeur, sera également un signe de déguisement, et la présomption augmentera de force si la vente a été faite avec un incapable.

Mais il est indispensable d'observer que ce ne sont là que des présomptions humaines qui n'ont rien d'irréfragable ; c'est au juge de les apprécier, et d'essayer, grâce à elles, de pénétrer jusqu'à la nature cachée et véritable de l'acte qui lui est soumis.

II). *Interposition de personnes.*

Cette seconde forme de simulation se présentera lorsque le donataire, expressément nommé dans l'acte de donation, n'est en fait que le bénéficiaire apparent, et que le bénéficiaire réel est une autre personne à laquelle le donataire nominal devra remettre la libéralité. Ce n'est autre chose qu'un fidéicommis : si le fidéicommis de restitution est formel aucune difficulté ne saurait se présenter. La tâche du juge sera encore facile quand il s'agira d'un fidéicommis tacite résultant des présomptions légales établies par le Code civil. Mais la théorie sera d'une application plus difficile lorsque le juge n'aura que des présomptions humaines pour se faire une conviction, lorsqu'il y aura « *interposition de fait* » suivant les expressions des commentateurs. Dans l'examen de ces circonstances le juge souverain appréciateur devra se montrer d'une très grande circonspection. Il est évident que l'interposition sera probable, lorsque le donataire aura comme successible une personne incapable de recevoir du donateur, ou aura pour lui une grande affection, mais le contraire est aussi possible, car la donation peut avoir été faite en raison des mérites personnels du donataire, ou de l'affection du donateur pour lui.

Remarque. — Ces deux aspects de la simulation pourront quelquefois se rencontrer dans un même acte : l'acte sera doublement simulé : ainsi un mineur devenu majeur vend un de ses immeubles au fils de son tuteur avant la reddition et l'apurement du compte. Il y a simplement une complication de fraude : « le voile est plus épais, il appartient aux tribunaux de le déchirer. »

§ 2. — *La donation simulée doit être adressée à un incapable.*

Cette deuxième condition est suffisamment établie par l'article 911 lui-même. On doit même dire que l'article 911 donne une théorie générale qui doit s'appliquer à toutes les incapacités de recevoir et se trouve au chapitre deuxième du titre deuxième parce que c'est sa meilleure place : on n'aurait su mieux placer la théorie générale de la simulation en vue de frauder les dispositions relatives aux incapacités de recevoir que dans le chapitre qui donne la théorie générale de ces incapacités elles-mêmes : en faire un chapitre spécial eût été dangereux car on s'exposait ainsi à des redites tout au moins inutiles.

Est-ce à dire toutefois que nous appliquerons l'article 911 à toutes les incapacités de recevoir indistinctement ? Dès à présent nous répondons négativement : et pour faire cette détermination nous devons distinguer les incapacités absolues et les incapacités relatives de recevoir.

1) *L'article 911 s'applique-t-il aux incapacités absolues de recevoir.*

Les incapacités absolues de recevoir sont les suivantes :

1° Personnes non conçues.

2° Associations qui n'ont pas la personnalité civile (associations non reconnues, ou simplement autorisées).

3° Femmes mariées.

4° Associations reconnues.

Ces diverses incapacités sont assurément des incapacités absolues, en ce sens que ces personnes ne peuvent recevoir de qui que ce soit. Mais cependant, à un examen plus approfondi on s'aperçoit qu'il y a une différence entre elles qui les divise en deux catégories bien distinctes, car, si l'on peut s'exprimer ainsi, le titre de l'incapacité n'est pas toujours le même. Les deux premières sont absolues à tous les points de vue : nous voulons dire qu'elles ne peuvent jamais disparaître : mais pour les deux dernières, il faut remarquer qu'elles peuvent s'évanouir par suite d'une circonstance spéciale, par une autorisation postérieure. Si une donation a été adressée aux premiers incapables, on dit qu'il n'y a pas donation, et il ne peut y en avoir faute de sujet du droit : au contraire pour les derniers incapables il y a bien donation, mais l'exécution seule de l'acte est soumise à une certaine formalité. Et nous croyons que cette distinction n'est pas inutile au point de vue qui nous occupe.

1re catégorie. — Enfants non conçus et associations qui n'ont pas la personnalité civile.

Leur appliquerons-nous l'article 911 ? Sans aucune hésitation nous répondons que ni la théorie du déguisement ni celle de l'interposition ne sont applicables à cette catégorie d'incapables.

D'abord pour le déguisement nous ne pensons pas que le moindre doute puisse s'élever : comment concevoir une donation faite sous forme de vente ou de tout autre contrat à titre onéreux à une personne qui n'existe pas?

Mais on soutient généralement que la théorie de l'interposition trouve ici son application. Et toujours on distingue entre l'interposition de fait et l'interposition de droit : en ce qui concerne les présomptions légales établies par son deuxième alinéa, l'article 911 doit être écarté. Nous en demandons la raison ? Si l'on admet qu'il puisse y avoir interposition par rapport à une personne non conçue pourquoi ne pas admettre que le père de cette personne sera présumé interposé ? On nous répond que les présomptions de l'article 911 sont fondées sur des rapports qui ne peuvent pas exister pour une personne non conçue. Assurément, et précisément cette absence de rapports entre l'interposé et le prétendu incapable, supprime en même temps toute idée, toute possibilité d'interposition. Oui le deuxième alinéa de l'article 911 ne saurait trouver ici son application, mais pour cette seule raison que le premier alinéa lui-même doit être écarté, car il ne peut y avoir interposition par rapport à une personne qui n'existe pas.

La question est de la plus haute importance pour les associations non reconnues, auxquelles nous assimilons les associations simplement autorisées, et plus particulièrement encore pour les congrégrations religieuses : nous donnons cependant la même solution. Nous pourrions d'abord invoquer en notre faveur le silence de la loi : l'article 910 ne s'occupe que des associations qui sont soumises à une autorisation, c'est-à-dire de celles qui jouissent de la personnalité civile. Nulle part le Code civil ne nous parle de l'incapacité des associations non reconnues et la raison en est bien simple : comme le dit M. Demante, ces personnes sont frappées de l'incapacité du néant. Mais le néant peut-il être incapable? Pas plus que pour l'enfant non conçu il ne peut être question d'interposition de personnes. A qui la personne interposée serait-elle chargée de transmettre la libéralité « *Esse debet cui detur* », disait Pothier. Qu'en fait la libéralité profite à la communauté nous le voulons bien, et encore dans une certaine mesure puisqu'elle aura simplement la jouissance et que la libéralité échappera tôt ou tard à cette jouissance. Mais on ne peut pas dire, en droit, que c'est à la communauté qu'elle s'adresse : elle est faite aux membres de la communauté en tant que personnes distinctes, par conséquent pleinement capables de recevoir.

Ce sont les idées émises par la cour de Grenoble, jugeant sur le cas d'un testament fait au profit de deux dames membres d'une congrégation religieuse non reconnue : « Attendu que jusqu'à cette autorisation (reconnaissance par l'Etat) seule capable de donner à l'association l'être moral constitutif de la congrégation, les individus qui composent l'association sont restés dans le droit commun possédant par eux-mêmes les biens qui leur appartiennent et pouvant, en brisant ce lien d'association, emporter avec eux toutes les propriétés, les partager entre eux, ce que ne pourraient faire les membres des corporations autorisées car ce ne sont pas alors les individus qui possèdent mais bien les corporations ». Grenoble 13 janvier 1841, Sir., 1841, 2, 87. Nous avons tenu à citer cet arrêt, car la fin de l'attendu que nous reproduisons répond à une objection qui a été faite : nous traitons avec plus de faveur les corporations non reconnues que les corporations reconnues qui se conforment en demandant l'autorisation, à toutes les exigences de la loi. C'est que dans l'association reconnue, c'est l'association elle-même qui possède, qui acquiert, tandis que dans l'association non reconnue, ce sont les membres et non l'association. Si la loi ne veut pas reconnaître une existence à ces associations, elle ne doit pas non plus pour connaître leur véritable fonction, pénétrer dans ces groupes qu'elle veut ignorer. Au surplus nous établirons dans un instant que la théorie de l'interposition ne s'applique pas non plus aux associations non reconnues.

Telle n'est pas cependant, nous devons le reconnaître, l'opinion de la doctrine ni de la jurisprudence, on admet généralement que la disposition de l'article 911, du moins en ce qui concerne l'interposition de personnes, s'applique aux associations non reconnues (1). La raison que l'on invoque consiste à dire que ces associations, si elles n'ont

1 Demolombe, t. 1, n. 642 ; Troplong, t. 2, n. 688 ; Demante, t. 4, n. 31 *bis* ; Laurent, t. 11, n. 419, MM. Aubry et Rau ne traitent pas la question. Cass. 5 août 1841, Sir. 1841, 1, 875 ; Paris 20 mai 1851, Sir. 1851, 2, 521 ; Cass. 3 juin 1861, Sir. 1861, 1, 616 ; Grenoble, 6 avril 1881, Sir. 82, 13, Cass. 15 décembre 1891 ; Dal. 1892, 1, 116 ; Paris, 1er décembre 1892, Dal. 1893, 2, 496 ; Cass. 5 février 1895, Sir. 1895, 1, 121.

pas une existence légale, ont tout au moins une existence de fait. Le droit administratif leur reconnaît même une certaine existence; la jurisprudence actuelle du conseil d'Etat les assimile à des enfants conçus, c'est-à-dire qu'il leur est permis de recevoir une libéralité, pourvu qu'elles aient la personnalité civile au jour de l'acceptation : la controverse qui existait autrefois à ce sujet n'est plus possible depuis la loi municipale du 5 avril 1884, qui dans son article 111 a décidé que les hameaux non érigés en sections de communes, et n'ayant pas encore la personnalité civile au jour où la donation est faite, pourront toutefois l'accepter. — L'existence de ces associations n'est-elle même pas reconnue par la loi puisqu'elles peuvent être dissoutes par mesure de haute police, puisque les articles 291 et 292 du Code pénal, complétés par la loi du 10 avril 1834 punissent sévèrement les membres des associations de plus de vingt personnes qui se seront formées sans l'agrément du Gouvernement ?

On reconnaît cependant que, si la théorie de l'interposition de fait trouve sa place en cette matière, on ne peut songer à appliquer aux associations non reconnues, ni même reconnues, la théorie de l'interposition de droit : et la raison en est pour nous des plus simples : l'interposition de droit repose sur des présomptions légales, en dehors d'un texte de loi il ne saurait en être question. Mais nous trouvons absolument puéril de dire comme on le fait ordinairement (1) que les présomptions de l'arti-

1. Baudry-Lacantinerie. *Don. et Test.* t. 1, n. 212.

cle 911 se limitent aux incapacités relatives de recevoir et restent étrangères aux incapacités des articles 906 et 910, parce que les incapables que visent ces deux textes ne peuvent avoir ni parents ni conjoints. On ajoute que l'article 911 est placé à la suite des articles du Code qui traitent de ces incapacités restreintes : que dès lors c'est à elles qu'il se lie, tandis que lorsque le Code s'occupe d'une incapacité absolue (celle de l'étranger), il entame par l'article 912 un autre ordre d'idées dont l'article 911 se détache entièrement ; et pour tout concilier on en arrive à conclure que la présomption de l'article 911 n'est applicable qu'aux incapacités relatives énoncées dans les articles 907, 908, 909, 910 (1). L'incapacité de l'article 910 une simple incapacité relative !

Mais serait-il tellement extraordinaire de considérer de plein droit les membres d'une association, comme personnes interposées ? L'idée d'affection, d'attachement, qui est le fondement du deuxième alinéa de l'article 911, ne se présente-t-elle pas à l'esprit, pour les membres d'une association, tout aussi bien que pour les parents ou pour le conjoint d'une personne ? Et dès lors n'avons-nous pas le droit de nous étonner que le législateur ne nous en ait rien dit ? La vérité c'est que, dans la pensée du législateur, ni l'interposition de fait, ni l'interposition de droit n'étaient applicables à ces incapables.

1. Troplong. *Don. et Test.* t. 1, n. 724.

Les articles 291 et 292 du Code pénal sont des textes spéciaux qui ne visent que les associations de plus de vingt personnes laissant par conséquent toute liberté aux associations qui n'atteignent pas ce chiffre. Nous pensons même qu'on ne peut appliquer ces articles à toutes les associations, par exemple à celles dont les membres ont pour but unique de vivre en commun suivant certaines règles : elles doivent avoir un objet particulier défini par ces articles. Nous sommes donc en présence d'une législation d'exception, d'une mesure d'ordre public sérieusement motivée d'ailleurs par les dangers que présentent ces groupements au point de vue de la sécurité publique et surtout à un point de vue politique. Mais on ne doit pas aller plus loin, et on ne doit pas, de ce que la loi permet de dissoudre certaines associations, suivant le bon plaisir du gouvernement, conclure qu'elle leur reconnaît une certaine existence : elle ne les connaît qu'au point de vue de l'ordre public.

Quant à la théorie du conseil d'Etat, qui consiste à assimiler les associations non reconnues aux enfants simplement conçus, nous ne saurions l'approuver, et nous la combattons dans son principe même. L'enfant conçu existe d'ores et déjà au point de vue de la loi, qui lui reconnaît des droits, le couvre de sa protection : et ce n'est pas en vertu d'une fiction ; la loi ne fait que consacrer l'ordre naturel des choses, cet ordre naturel d'après lequel on devrait dire rigoureusement que l'âge d'une personne se compte à partir de sa conception. On ne doit pas dire que la naissance de l'enfant, au point de vue de son existence légale, a un effet rétroactif au jour où a commencé son existence de fait : on doit dire que son existence légale se continue. Peut-on tenir le même langage pour une association non reconnue, pour laquelle on ne peut affirmer, comme pour l'enfant conçu, qu'un jour où l'autre cette existence de fait se changera en une existence légale des plus complètes ? On doit dire que la reconnaissance a un effet rétroactif, que cette personnalité qui lui a été conférée par la reconnaissance lui était acquise du jour où a commencé sa soi-disant existence de fait. Mais la rétroactivité est une fiction, et une fiction ne saurait être établie que par la loi. Le Code civil l'a-t-il édictée ? Non : ce n'est qu'une loi postérieure qui l'a fait, la loi de 1884 : mais elle l'a fait pour un cas spécial, et sa disposition se justifie par la crainte de voir les conseils municipaux refuser sans motifs légitimes des libéralités qui doivent profiter non à tous les habitants de la commune, mais à un certain nombre d'entre eux seulement : une fiction ne doit pas être étendue.

Que nous importe d'ailleurs cette existence de fait, cette prétendue existence administrative, qui n'est reconnue par aucun texte de loi à nous qui nous plaçons au point de vue du pur droit civil ? Et ses principes nous disent qu'une association non reconnue c'est le néant. On n'a pas à s'occuper d'une donation qui lui serait faite directement, car cette donation est inexistante faute de sujet du droit. Mais pour que la théorie du déguisement ou de l'interposition puisse s'appliquer, il faut aussi un sujet du droit créé par l'acte simulé : ce sujet n'existant pas on ne peut dire qu'il y a interposition ou déguisement.

On est d'ailleurs allé plus loin : on a dit qu'il y avait une fiction d'inexistence légale (1). On a même soutenu qu'une association non reconnue pouvait prescrire parce qu'elle peut posséder (2). Voilà les conséquences extrêmes de cette théorie de l'existence de fait. Mais au fond peut-on vraiment dire qu'il y ait existence de fait. Est-ce bien la personne morale de l'association qui existe en fait ? N'est-ce pas plutôt la réunion de ces personnes ? La distinction est subtile mais elle est juste : « Il ne peut résulter de cette réunion qu'une association de fait dont les membres jouissent seulement *ut singuli* de tous les droits civils. C'est cette association qui existe en fait mais non la personne morale qui ne peut résulter que d'une reconnaissance officielle. Comment d'ailleurs une personne morale, dont l'existence repose sur une fiction, pourrait-elle exister en fait ? Tout ce qu'on peut dire c'est qu'elle existe en projet dans la pensée des personnes dont la réunion forme une association de fait : mais tant que la reconnaissance officielle n'est pas intervenue c'est le néant. » Huc, t. 6, n. 111. M. Huc admet toutefois que la théorie de l'interposition de fait trouve ici son application.

1. Bressolles. De la reconnaissance légale. *Recueil de l'Académie de législation de Toulouse*, 1854, p. 134.

2. Rodière ; Des communautés religieuses : même recueil, 1862, p. 455.

Mais d'ailleurs examinons ce qui va arriver. La donation est adressée à un des membres de la communauté ou à une autre personne. Pour simplifier supposons que ce soit un de ses membres. Pour qu'il y ait eu interposition il faudrait que la donation parvînt, en fin de compte, dans le patrimoine de l'association : il n'y a pas de patrimoine ! La communauté pourra jouir du bien donné, plus ou moins longtemps, si l'on suppose avec M. Demante, qu'il y a eu une succession de fidéicommis tacites, et le moyen est extrême : mais forcément tôt ou tard le bien retournera à la famille de l'un des membres de l'association. Et en tout cas il n'aura jamais fait partie du patrimoine de l'association. Or si nous avons bien compris l'article 911, il nous semble que l'esprit de cet article, que le fondement de la théorie de l'interposition est que la donation doit parvenir dans le patrimoine de l'incapable par l'intermédiaire de la personne dont l'incapable peut recevoir. Il n'y pas d'incapable : à supposer qu'il y ait incapable, l'incapacité ne peut jamais disparaître !

Nous restons donc en présence de ce principe, d'après nous inébranlable : l'association non reconnue est une personne non conçue : permettrait-on d'attaquer une donation faite à un individu, sous prétexte qu'elle s'adresse à un enfant qu'il pourrait concevoir ? Cela paraît absurde et c'est ainsi cependant que se pose la question. On a, suivant nous, confondu dans cette discussion le fait avec le droit : on s'est laissé dominer par l'idée des dangers qui peuvent résulter de l'adoption de notre théorie : on a voulu à tout prix en modifier les effets, mais alors on s'est écarté des principes du droit. On a fait œuvre de législation, mais non œuvre d'interprétation.

D'autres thèses intermédiaires ont d'ailleurs été soutenues. M. Beudant (1), notamment, a essayé d'obvier à ces inconvénients en proposant une distinction : il faudrait, suivant lui, examiner si l'intention du donateur a été de donner aux membres de l'association envisagés *ut singuli*, ou bien aux membres envisagés *ut universi*. Sans compter que cette distinction est tout à fait arbitraire, les recherches d'intention sont des plus délicates et ce serait créer au profit du disposant une faculté nouvelle de révocation des plus commodes. La vérité est beaucoup plus simple : la personne non conçue, l'association non reconnue, ne sont pas, à vrai dire, des incapables : pour être incapable il faut d'abord être et ces personnes ne sont pas.

2e catégorie. — Femmes mariées, et associations reconnues.

L'incapacité qui frappe ces personnes est susceptible de disparaître par l'effet d'une autorisation postérieure, soit du mari, soit de l'administration. Leur appliquerons-nous l'article 911 ? Deux opinions diamétralement opposées sont en présence. Nous ne nous occuperons que des associations reconnues car c'est à leur sujet que la question est surtout discutée.

1. Paris, 21 février 1879, Dal. 1879, 2, 135.

Dans un premier système (1), on ne considère pas les associations reconnues comme de vrais incapables : à la différence des incapables de la première catégorie, ces derniers ont la jouissance des droits civils dont l'exercice seul est suspendu par la nécessité d'une autorisation. Or l'article 911 ne vise que les donations simulées faites directement à ces personnes, « donc les libéralités déguisées faites directement à ces personnes », ou celles qui seraient adressées aux membres de ces associations ne peuvent être déclarées nulles pour simulation. Au demeurant aucun danger n'est à redouter : en effet s'il s'agit d'une donation déguisée sous forme de vente, une torisation sera toujours nécessaire ; et la loi sera encore respectée s'il s'agit d'une donation par personne interposée puisqu'il faudra encore une autorisation, pour que la libéralité puisse passer des membres de l'association à l'association elle-même. La fraude, en vue de laquelle a été édicté l'article 911, ne peut donc pas se produire.

La majorité des auteurs et la jurisprudence suivent une opinion différente (2). La nécessité d'une autorisation fait des personnes qui y sont soumises, de véritables in-

1. Bayle Mouillard sur Grenier, *Traité des Donations et Testaments* tome 1, page 598 ; Toullier, tome 5, n. 79 et 204.

2. Demante t. 4, n.32 *bis*, VIII ; Troplong t. 2, n. 724 ; Aubry et Rau t. 7, § 650 *bis* ; Laurent t. 11, n. 419 ; Demolombe, t. 1, n. 631 ; Baudry-Lacantinerie, *Don. et Test.* 1, p. 187 ; Orléans 3 avril 1846. D. 1846, 2, 90 ; Cass. 17 novembre 1852, S. 53, 1, 337 ; Montpellier 24 août 1854, S. 1854, 2, 483 ; Agen 1er avril 1867, S. 1867, 2, 175 ; Lyon, 18 janvier 1868, S. 1868, 2, 131 ; Grenoble 29 février 1872, S. 1874, 2, 87 ; Toulouse, 11 juin 1874, S. 1874, 2, 201. Cass, 3 mars S. 1880, 1881, 1, 423.

capables. Les dispositions en leur faveur seront par conséquent nulles si elles ont été déguisées sous la forme d'un contrat à titre onéreux, ou faites sous le nom de personnes interposées pour les soustraire à cette autorisation. La fraude qu'on veut éviter peut très facilement se produire : d'abord l'administration sera plus portée à donner son autorisation à un acte à titre onéreux, qu'à l'acceptation d'une donation, car le danger de dépouillement de la famille n'est plus à redouter. Il faut en dire autant pour les donations faites sous le nom de personnes interposées : pourquoi, soutient la doctrine précédente, pourquoi les déclarer nulles, puisque l'on ne pourra pas échapper à la nécessité de l'autorisation ? Mais répondent les auteurs et la jurisprudence, il ne faut pas confondre ce qui est impossible en droit et ce qui peut se produire en fait : il est à craindre que l'administration ignore la provenance véritable des biens qui sont donnés à l'association par un de ses membres, et qu'elle n'accorde plus facilement son autorisation.

Nous repoussons l'une et l'autre de ces deux théories, car nous les jugeons toutes les deux trop absolues. D'abord le point de départ de la première est absolument erroné : nous sommes bien en présence de véritables incapables : nous lui reprocherons encore de négliger cette idée que le déguisement sera un moyen de fraude facile et dangereux, car on ne peut nier que l'administration autorisera plus facilement la conclusion d'un contrat à titre onéreux, que l'acceptation d'une donation. Mais d'un autre côté nous écartons la deuxième opinion, parce qu'elle ne tient compte que de ce qui peut se produire en fait, et néglige la question de droit. Or en droit la question de l'interposition ne peut se poser, car pas plus par l'intermédiaire d'une personne que directement la donation ne parviendra à l'incapable sans passer par l'autorisation administrative. Pour que l'interposition constitue un danger, il faut que le donataire réel ne soit plus incapable par rapport à la personne interposée : c'est ce qui arrive par exemple lorsque la donation est faite au fils du tuteur par le mineur devenu majeur. Mais ici, la personne morale reconnue restera toujours incapable. On dit bien que l'Etat se laissera plus aisément tromper : suivant nous au contraire la donation faite à une association par un de ses membres, fera naître plus de soupçons que celle qui provient d'un étranger, et entraînera par conséquent un examen plus sérieux de la part de l'administration.

Nous étendons les mêmes solutions aux donations simulées faites à la femme mariée incapable de recevoir sans l'autorisation de son mari : les situations sont identiques. Donc la donation déguisée sera nulle : mais on ne saurait attaquer une libéralité, sous prétexte qu'elle doit parvenir en réalité à une femme mariée.

C'est à dessein que nous avons omis de parler d'une incapacité particulière, celle qui frappe l'individu condamné à une peine afflictive perpétuelle. La loi du 31 mai 1854 a remplacé la mort civile par un ensemble de déchéances : 1° la dégradation civique ; 2° l'interdiction légale ; 3° la double incapacité de disposer et de recevoir à titre gratuit. Ces incapables ne sauraient être assimilés à ceux de la première catégorie, car ils conservent la jouissance de leurs droits civils, et sont simplement privés de leur exercice. D'un autre côté ils ne rentrent pas dans la deuxième car leur incapacité ne peut disparaître par suite d'une autorisation, tout au moins particulière. Seulement ils peuvent être relevés de tout ou partie de leur incapacité, article 4, l. du 31 mai 1854. Il pourrait donc arriver que le droit de contracter à titre onéreux leur fût rendu alors que la prohibition de recevoir à titre gratuit serait maintenue. Dans cette hypothèse, ils ont la même situation que la femme mariée ou l'association reconnue : le déguisement serait donc un moyen facile de tourner la prohibition contenue dans l'article 3 de notre loi : la donation déguisée sous forme de contrat à titre onéreux sera donc nulle ; mais pour les mêmes raisons que précédemment on ne pourra attaquer une donation faite à une personne prétendue interposée par rapport à ces incapables.

En résumé voici les solutions que nous adoptons : l'article 911 ne s'applique en aucune façon aux personnes non conçues ni aux associations non reconnues ou simplement autorisées : d'autre part, en ce qu'il a trait au déguisement, mais non en ce qui concerne l'interposition, l'article 911 est applicable aux femmes mariées, aux associations reconnues, auxquelles nous assimilons pour une hypothèse particulière, l'individu condamné à une peine afflictive perpétuelle.

II. *L'article 911 s'applique-t-il aux incapacités relatives de recevoir ?*

C'est sous forme d'affirmation, que nous devrions plutôt formuler cette question, car il est évident que lorsqu'il a édicté l'article 911 le législateur a surtout songé aux incapacités qu'il venait d'établir.

Ces incapacités relatives sont au nombre de trois.

1° *Incapacité du tuteur par rapport au mineur*, art. 907.

Cette incapacité existe à deux points de vue :

A. Le mineur parvenu à l'âge de seize ans ne peut disposer de ses biens au profit de son tuteur.

B. Le mineur devenu majeur ne peut disposer au profit de son ancien tuteur si le compte de tutelle n'a été préalablement rendu et apuré.

Le législateur a craint avec raison l'influence toute naturelle du tuteur sur le mineur. Il serait à redouter que pour échapper à cette prohibition, le mineur n'eût recours au déguisement ou à l'interposition de personnes : le législateur a prévu la fraude et a décidé qu'une telle disposition serait nulle.

Nous avons vu que cette incapacité datait de l'ordonnance de 1539 complétée par l'édit de 1549. Cet édit ne contenait pas de présomption légale d'interposition : au contraire la plupart des coutumes étendaient cette prohibition aux enfants du tuteur. Le Code civil s'est donc conformé à la tradition : sa seule innovation consiste dans l'augmentation du nombre des présomptions légales.

2° *Incapacité des enfants naturels par rapport à leurs auteurs,* art. 908.

Par respect et par faveur pour la famille légitime le Code civil a voulu restreindre les droits des enfants naturels; nous n'avons pas à faire ici la critique de notre législation, qui voulant punir des coupables atteint des innocents. Ils ne pourront recevoir par donation au delà de leur droit de succession : or il est évident que par une donation simulée on pourrait arriver au résultat qu'on ne saurait atteindre par une donation directe, à leur donner plus que cette quotité disponible : l'article 911 prévient cette fraude.

Mais appliquerons-nous cet article aux enfants adultérins et incestueux ? Cette question doit être ramenée à la suivante : l'incapacité de recevoir éditée par l'article 908 doit-elle être étendue aux enfants adultérins et incestueux ?

Suivant nous ces enfants sont incapables quand la reconnaissance qui établit leur filiation est une reconnaissance forcée résultant d'une circonstance indépendante de la volonté de l'auteur de l'enfant : les cas sont rares mais il y en a : ainsi une action en désaveu a comme conséquence forcée l'établissement d'une filiation adultérine ; il en sera de même par suite de l'annulation d'un mariage entaché de bigamie ou d'inceste. Certainement le législateur a songé à ces hypothèses quand il a édicté l'article 762 qui ne leur accorde qu'un droit à des aliments. Mais, quoi qu'on en ait dit, ce droit à des aliments constitue un véritable droit de succession : une donation qui excèderait cette quotité devrait être réduite si elle était faite indirectement : et il en sera de même si la donation est une donation déguisée ou faite sous le nom de personnes interposées.

Mais en sera-t-il de même s'il n'y a pas eu de reconnaissance forcée ? D'abord, sans aucun doute, il ne sera pas permis, pour faire tomber une donation, de rechercher une filiation adultérine ou incestueuse : les articles 342 et 335 sont formels. Mais en fait une reconnaissance peut avoir eu lieu, qui établit une filiation incestueuse ou adultérine : régulièrement l'officier de l'état-civil aurait dû la refuser, mais il est facile de tromper sa vigilance, vu qu'il peut ne pas connaître l'état civil de l'auteur de la reconnaissance. Les héritiers auront-ils le droit de faire tomber la donation en tirant argument de cette reconnaissance ? La question de l'interposition s'est présentée en jurisprudence sous une forme assez curieuse : un homme marié reconnaît un enfant et l'officier de l'état civil enregistre la reconnaissance : puis il fait une donation à une femme qui à son tour reconnaît l'enfant. Grenoble 15 juillet 1811, Sir. 1812, 2, 436 ; Cass. 3 juillet 1813 ; Toulouse 5 mars 1827, Sir. 1827, 2, 162. Suivant nous, il faut dire sans hésitation que la donation ne peut être attaquée : le législateur veut éviter les scandales : la reconnaissance volontaire d'un enfant naturel, adultérin ou incestueux doit être considérée comme non avenue : elle ne vaut même pas comme reconnaissance d'un enfant naturel. Elle ne peut être invoquée ni en faveur, ni contre ceux dont elle établit la filiation. Ils ne sont donc pas incapables : et ni l'article 908 ni l'article 911 ne leur sont applicables.

3° *Incapacité des docteurs en médecine ou en chirurgie des officiers de santé, des pharmaciens ou des ministres du culte.* art. 909.

C'est encore la crainte de l'influence de ces personnes sur leurs malades qui a fait édicter cette prohibition : et il est évident qu'elle serait facilement éludée si la loi permettait les donations déguisées ou par personnes interposées : cette incapacité rentre donc encore dans le champ d'application de l'article 911. D'ailleurs cette incapacité existait déjà dans notre ancien droit : il est vrai qu'elle n'était pas formellement énoncée dans les coutumes, mais les auteurs et la jurisprudence l'avaient fait dériver de l'incapacité du tuteur à l'égard du mineur.

Section II. — *Preuve de la simulation frauduleuse.*

La preuve à faire est double : il faudra d'abord établir la simulation, déguisement ou interposition, et démontrer ensuite l'incapacité de la personne à laquelle la donation est adressée. Nous ne nous occuperons évidemment que de la preuve de la simulation : mais nous ne pouvons ici établir une théorie commune au déguisement et à l'interposition, pour ce motif que le législateur, en matière d'interposition, a donné un système de preuve particulier, des présomptions légales. Nous traiterons donc séparément de la preuve des deux moyens de simulation.

Mais auparavant nous devons rappeler, simplement pour mémoire, une discussion à laquelle nous ne ferions pas allusion si nous ne l'avions trouvée mentionnée par tous les auteurs. M. Delvincourt (1), en effet, a soutenu que ce n'était pas au demandeur en nullité de la donation à prouver la fraude ; mais bien au bénéficiaire de la libéralité. On se demande comment on peut justifier une telle exception à la règle : « *onus probandi incombit ei qui agit.* » M. Delvincourt en donne deux motifs : d'abord l'incapacité du défendeur fait naître contre lui une présomption de fraude qu'il ne pourra faire tomber qu'en prouvant lui-même sa bonne foi : de plus, si l'on met la preuve à la charge du demandeur, on va le forcer à fournir une preuve négative, celle du défaut de paiement du prix ; la preuve d'un fait négatif est impossible.

L'unanimité de la doctrine et de la jurisprudence en faveur du maintien du droit commun nous dispenserait de réfuter cette doctrine : il suffit de remarquer que le donataire n'est pas coupable de fraude, mais bien le

1. Delvincourt, *Cours de code civil*, tome 2, p. 60, note 8.

donateur et à la rigueur l'interposé, et que la preuve d'un fait négatif est simplement difficile, mais pas impossible.

§ I. — *Preuve du déguisement.*

Le législateur n'ayant donné aucune règle particulière, nous devons nous référer au droit commun.

La preuve par écrit sera la meilleure des preuves : elle résultera de contre-lettres stipulant que le prix convenu ne sera pas payé. Mais ce n'est pas à dire qu'une contre-lettre sera indispensable. Il s'agit en effet de dévoiler une fraude : tous les moyens de preuve sont admis : l'aveu, le serment, la preuve par témoins.

Mais le plus souvent ces preuves feront défaut, et le juge devra se former une conviction d'après les circonstances, d'après des présomptions humaines dont l'application est abandonnée à ses lumières et à sa prudence, art. 1153. Et cependant on pourrait douter que la preuve du déguisement soit une question d'appréciation de la part du magistrat. Le Tribunat, en effet, lors de la discussion sur l'article 911, aurait désiré que le juge n'entrât pas dans l'examen du déguisement : dès lors que l'acte était fait avec un incapable il était nul sans qu'on eût à examiner s'il renfermait une donation déguisée : il n'y avait donc aucune preuve à faire. Cette opinion ne fut heureusement pas admise, car c'eût été changer une simple incapacité de recevoir en une incapacité générale de contracter. La rédaction de l'article 911 ne laisse plus aucun doute : « toute disposition sera nulle », il faut donc qu'il s'agisse d'une disposition : il faut prouver que sous la forme de contrat onéreux se cache une disposition.

Ce sera donc au juge à apprécier les circonstances ; ces signes de déguisement sont multiples et on ne peut en dresser une liste limitative : la vilité du prix, la situation précaire de l'acheteur, la fortune considérable du vendeur sont autant d'éléments de conviction pour le juge, mais n'ont rien d'absolument certain. Nous devons mentionner également les aliénations à charge de rente viagère, à fonds perdu, ou avec réserve d'usufruit qui sont présumées légalement des donations déguisées quand elles sont faites à des héritiers, art. 918, C. c. ; mais en dehors de cette hypothèse le caractère particulier de ces ventes devient une simple présomption humaine de l'article 1153.

§ 2. — *Preuve de l'interposition de personnes.*

Pour cette seconde forme de la simulation, le Code civil a organisé un système spécial de preuves : il a donné au juge une liste de présomptions : il suffira, pour annuler la donation, qu'elle soit adressée à des personnes unies par certains rapports à celui qui est incapable de recevoir du donateur. Mais si c'est une condition suffisante, ce n'est pas une condition nécessaire, et en dehors de ces présomptions légales il suffira, pour faire tomber la donation, de démontrer que la personne à qui elle est adressée est en fait chargée de la transmettre à un incapable.

Dans l'exposé des motifs, Bigot-Préameneu s'explique ainsi : « on a désigné les personnes que les juges pourront toujours regarder comme interposées », Locré, t. XI, Com. 14, n° 9. Et Jaubert dit dans son rapport : « Seront réputées..., c'est-à-dire qu'alors la nullité de la disposition devra être prononcée sans que les héritiers aient besoin de faire aucune preuve : cette présomption ne pourrait être renversée que par des preuves positives directes et irrécusables ». Le législateur a donc simplement voulu donner au juge quelques criteriums certains et irréfragables d'interposition : celui-ci devra forcément prononcer la nullité de l'acte sans avoir à examiner si vraiment il s'agit d'une donation faite sous le nom de personnes interposées.

Nous devrons donc examiner successivement, suivant la distinction universellement admise : d'abord les preuves de droit commun, ou théorie de l'interposition de fait ; ensuite les présomptions légales, ou théorie de l'interposition de droit.

1. *Preuves de droit commun : interposition de fait.*

La première question que l'on doit se poser est celle de savoir en quoi consiste la preuve de l'interposition. On peut en effet concevoir l'interposition de plusieurs façons. Faut-il que l'incapable sache que la donation lui était adressée ? Assurément non. Suffit-il que le donateur ait eu l'intention de disposer en faveur de l'incapable et qu'il ait pu supposer que le donataire nominal opérerait la transmission à cet incapable ? Ou bien faut-il encore que l'intermédiaire ait connu l'intention du donateur? En termes abstraits faut-il un concert fauduleux entre le donateur et l'interposé ?

Certains auteurs et quelques arrêts (1) prétendent qu'il est absolument nécessaire que le donataire interposé ait connu l'intention du donateur. Ce concert frauduleux ne pourra le plus souvent être prouvé qu'en dévoilant l'existence d'une convention, d'un fidéicommis de restitution, mais toutefois il pourra aussi résulter de certaines circonstances, de certains rapports entre l'interposé et l'incapable, en dehors même des présomptions légales de l'article 911.

La jurisprudence (2) soutient une opinion contraire : l'intention frauduleuse du donateur doit être seule exigée : il suffit qu'il ait pu supposer que la libéralité parviendrait à l'incapable. Cette théorie est la seule vraie à notre sens : prouver que le donataire nominal a connu l'intention du donateur sera extrêmement difficile, et il lui suffira de nier pour faire maintenir la donation en sa faveur alors que le vœu de la loi est qu'elle soit annulée. Nous verrons plus loin que le donateur lui-même et ses

1. Coin-Delisle sur l'art. 911, n. 11 ; Grenier t. 1. n. 136, Paris 28 janvier 1873 ; D. 1873, 2, 65.

2. Cass. 20 avril 1847, Sir. 1847, 1. 437 ; Bordeaux, 8 décembre 1847, Dal. 1848, 2, 21 ; Paris, 27 juin 1850, Dal. 1850, 2, 170 ; Cass. 6 août 1862, Sir 1862, 1, 773 ; Lyon 18 janvier 1868, Sir. 1868, 2, 131 ; Pau, 24 juillet 1878, Sir 1878, 2, 282 ; Lyon, 10 janvier 1883, Sir 1884, 2, 136 ; Cass. 20 juin 1888, Sir. 1890, 1, 118. Aubry et Rau, t. 7, p. 55 ; Laurent t. 11, n. 413 ; Troplong t. 2, n. 702 ; Demolombe. Donat I. n. 648.

ayants cause pourront attaquer la donation faite sous le nom de personnes interposées : mettons-les en présence de l'interposé lui-même, que vont-ils prétendre ? Qu'à son égard la donation est nulle parce que le donateur n'avait pas l'*animus donandi*. Eh bien ! s'ils réussissent dans cette preuve, devra-t-on maintenir la donation pour ce seul motif que le donataire interposé a ignoré qu'elle ne s'adressait pas à lui ? Ce serait absurde.

Il suffira donc de prouver que le donateur a eu l'intention de faire indirectement une libéralité à un incapable. Quant aux moyens de preuve, ce seront ceux de droit commun : n'oublions pas que nous sommes en présence d'une fraude à la loi et qu'en cette matière tous les moyens de preuve sont possibles. Mais comme pour le déguisement le juge ne pourra s'éclairer que par l'examen des circonstances, par les présomptions humaines de l'article 1153 : quelles seront-elles ? On ne peut ici encore que donner des exemples ; la grande affection de l'interposé pour l'incapable, l'habitude qu'il aurait de lui faire des libéralités, le fait d'avoir transmis la donation peu de temps après l'avoir lui-même reçue, alors surtout qu'il était dans une situation précaire ne justifiant pas cet abandon toutes ces circonstances constituent autant de présomptions d'interposition, qui, isolées, n'ont pas une grande force, mais qui, réunies, sont un sérieux élément de conviction pour le juge et celui-ci, d'ailleurs, les apprécie souverainement, sans aucun contrôle supérieur.

II. *Présomptions légales : Interposition de droit.*

Dans son deuxième alinéa l'article 911 dispose ainsi qu'il suit : « Seront réputés personnes interposées les père et mère, les enfants et descendants et l'époux de la personne incapable ». Le législateur, pour faciliter la tâche du juge, a établi des présomptions légales d'interposition : le demandeur n'aura aucune preuve à fournir : il suffira que la donation soit adressée à une personne unie par certains liens à l'incapable, pour que le juge doive immédiatement l'annuler, sans avoir à rechercher si l'intention du donateur était réellement de donner à l'incapable.

Au sujet de ce système de preuves particulier, nous examinerons trois questions : 1° Quel est le fondement de ces présomptions? 2° Quelles sont ces présomptions? 3° Ces présomptions peuvent-elles cesser?

1° *Quel est le fondement de ces présomptions?*

Certains jurisconsultes disent que les présomptions légales de l'article 911 ont comme fondement l'idée d'affection que les personnes indiquées peuvent avoir pour l'incapable. Pour d'autres, le législateur aurait été guidé par le rapport de succession qui existe entre ces personnes et l'incapable. Ces deux opinions sont, suivant nous, trop exclusives : sans doute l'idée d'affection est la plus forte : mais le législateur a aussi été influencé par les souvenirs du droit romain et de l'ancien droit : or autrefois il y avait présomption quand la donation profitait en fait à l'incapable. Idée d'affection, rapport de succession, communauté d'intérêts, toutes ces considérations constituent le fondement des présomptions de l'article 911. A quel point de vue la détermination de ce fondement est-elle utile ? C'est une simple indication pour le juge de l'interposition de fait.

2° *Quelles sont ces présomptions ?*

Les personnes présumées interposées sont :

A. *Le père et la mère.*

B. *Les enfants et descendants.*

C. *L'époux.*

Mais avant d'entrer dans le détail, nous devons faire une remarque essentielle qui dominera l'interprétation : les présomptions légales sont de droit étroit : de là deux conséquences : nous ne devrons pas étendre ces présomptions à d'autres personnes que celles qui sont limitativement déterminées par l'article 911, et de plus, en ce qui concerne les présomptions de l'article 911 elles-mêmes, nous aurons à les interpréter restrictivement.

A. *Père et mère.*

M. Delvincourt (*Cours de Code civil, Donations,* t. II, pages 60 et 420), pense qu'il faut étendre cette présomption à tous les ascendants, d'autant plus volontiers, dit-il, que tous les descendants de l'incapable sont présumés interposés à son égard. Or le motif de cette décision s'applique à bien plus forte raison aux ascendants quels qu'ils soient. — C'est précisément pour ce motif que les descendants en général sont compris expressément dans la présomption de l'article 911, que nous déciderons au contraire que les ascendants doivent en être écartés. Nous sommes dans une matière d'interprétation restrictive : si le législateur avait voulu que les ascendants de l'incapable fussent présumés interposés, il l'aurait dit, comme il l'a dit pour les descendants.

Mais il faut toutefois se garder de tomber dans l'exagération : aussi déciderons-nous que le père et la mère naturels de l'incapable seront présumés personnes interposées (1). Et cela alors même que l'enfant serait simplement conçu : c'est à tort que l'on invoquerait la maxime : « *infans conceptus pro nato habetur quoties de commodis ejus agitur* » ; pour soutenir qu'il ne peut être considéré comme venu au monde puisqu'il ne s'agit pas de son intérêt; ce n'est pas contre lui en effet qu'on invoque son existence utérine : c'est contre sa mère qu'on prétend interposée. Paris, 4 mai 1840, Dall., 1840, 2, 186.

Que décider pour les père et mère adultérins ? Si la filiation adultérine ou incestueuse est légalement établie, ils seront présumés personnes interposées : ainsi le mariage de deux personnes a été annulé pour bigamie : de cette union illégale est né un enfant : puis le père fait une donation à la mère, ou réciproquement : elle sera annulée comme faite à l'enfant adultérin sous le nom de personne interposée. — Mais, comme nous l'avons déjà dit, on ne saurait tirer argument d'une reconnaissance volontaire pour faire tomber la donation,

1. Cass. 23 janvier 1884. Dal. 1884, 1, 117 ; Cass. 30 janvier 1883 ; Dal, 1883, 1, 201 ; Orléans 5 février 1885, Dal, 1886, 2, 166.

B. *Enfants et descendants.*

Il n'y a aucune réserve à faire pour les descendants légitimes et tout le monde admet qu'ils seront toujours présumés interposés, qu'ils soient majeurs ou mineurs, émancipés ou non émancipés.

Mais l'article 911 comprend-il les enfants naturels ? M. Demante répond négativement (*Traité de Droit civil*, tome 4, n° 32 *bis*) : quand la loi parle des ascendants ou descendants d'une personne, elle n'a en vue que les parents légitimes. D'ailleurs, ajoute-t-il, la solution ne présente aucun inconvénient, puisque le juge pourra toujours reconnaître une interposition de fait, et annuler par conséquent la donation. Nous préférons la solution contraire. Le fondement de la présomption tirée de la parenté naturelle est le même que celui de la présomption tirée de la parenté légitime. Dire que l'on aura toujours la ressource de l'interposition de fait, c'est donner une consolation qui risque d'être purement platonique, puisqu'il dépendra du bon vouloir du juge de reconnaître l'interposition : tandis qu'avec l'interposition de droit, le demandeur n'a nullement à redouter ce large pouvoir d'appréciation du magistrat (1).

Nous donnerons la même solution pour les enfants

1. Bayle Mouillard sur Grenier, t. 1, n. 133 note 1 : Delvincourt, *Cours de Code civil*, t. 2, p. 208 ; Laurent t. 11, n. 397 ; Aubry et Rau, t. 7 § 650 *bis* ; Demolombe, t. 1, n. 655 ; Paris 9 février 1883, sous Cass. Dal. 1884, 1, 227 ; Cass. 22 janvier 1884, Dal. 1884, 1, 117, Poitiers 27 février 1889, Sir. 1889, 2, 8.

adultérins ou incestueux ; toujours avec la même restriction : ces enfants seront présumés personnes interposées, si leur filiation est légalement établie : mais s'il s'agit d'une reconnaissance volontaire, ils sont des étrangers : la loi ne veut pas connaître le lien qui les rattache à leur auteur : on n'aura plus dans ce cas que la ressource de l'interposition de fait.

Enfin, bien que la majorité des auteurs et la jurisprudence (1) admettent que la filiation adoptive constitue une présomption légale d'interposition, elle ne sera, suivant nous, qu'une présomption humaine pouvant servir à prouver l'interposition de fait. Il ne faut pas oublier que les présomptions légales sont de droit étroit : et quant à dire que ces enfants ont autant d'affection pour leur parents adoptifs que pour leurs parents naturels, nous aimons à croire que ce n'est pas une règle absolue, et que ces enfants conservent une affection particulière à ceux qui leur ont donné le jour.

C. *L'époux.*

Nous conformant encore au principe d'interprétation restrictive, nous déciderons que la présomption établie par l'article 911 ne doit pas être étendue au futur époux, ni au concubin comme dans l'ancien droit. Mais toutefois nous l'appliquerons au futur conjoint quand il s'agira d'une donation faite par contrat de mariage, pour ce sim-

1. Aubry et Rau, t. 6 § 650 *bis* ; Laurent, t. 11, n. 454 ; Duranton, t. 8, n. 274 ; Troplong, t. 2, n. 723 ; Grenier et Bayle Mouillard, t. 1, n. 133 ; Demolombe, t. 18, n. 654.

ple motif qu'en réalité la donation est adressée à un époux et non à un futur époux, puisqu'elle ne produira effet que si le mariage est célébré (1).

Remarque. — Il ne faut pas considérer comme établissant une présomption légale d'interposition la disposition de l'article 2 de la loi du 24 mai 1825 : « Nulle personne faisant partie d'un établissement autorisé, ne pourra disposer par acte entre vifs ou par testament, soit en faveur de cet établissement, soit au profit de l'un de ses membres, du quart de ses biens à moins que le don ou legs n'excède pas la somme de 10.000 francs. » Le législateur a simplement voulu fixer une quotité disponible particulière que le donateur ne pourra dépasser ni en faveur de l'association elle-même, ni en faveur des autres membres de l'association.

3° *Ces présomptions peuvent-elles cesser ?*

Il paraît inutile de se poser cette question, puisque nous nous trouvons en présence de présomptions *juris et de jure* qui s'imposent au juge. Cependant on a soutenu que ces présomptions ne devraient pas s'appliquer quand la personne interposée et le donateur seraient unis par certains liens qui permettraient de croire que c'est bien à ces personnes que la donation s'adresse : et d'autre part on se demande si ces présomptions ne devront pas disparaître devant l'aveu ou le serment.

1. Aubry et Rau, t. 7, p. 51 note 12 ; Laurent, t. 11, n. 401 Lyon 24 novembre 1860, Sir 1861, 2, 421, *Contrà*, Demolombe t. 18, n. 659 ; Coin Delisle sur l'art. 911 n. 16 ; Cass. 24 janvier 1881, Sir. 1881, 1. 404.

A) *Ces présomptions tombent-elles lorsque la personne interposée et le donateur sont unis par certains liens ?*

L'incapacité de l'article 907 cesse quand le tuteur est l'ascendant du mineur : de même l'incapacité de l'article 909 disparaît lorsque le médecin est parent du malade au degré déterminé dans ce même article. De là on conclut que si la personne interposée est unie au donateur par les mêmes liens, la présomption légale de l'article 911 n'a plus sa raison d'être (1). Nous ne saurions d'ailleurs mieux faire que de citer les paroles de M. Demante, dont l'opinion est partagée par tous les auteurs et par la jurisprudence. Tome IV, n° 32 *bis*, V. « Il est pourtant un cas où la présomption légale ne devrait pas, selon moi, être appliquée : c'est lorsque, à la qualité qui fonde en général la présomption d'interposition, le donataire nominal en joint une autre qui le rattache personnellement au donateur, et qui, si elle existait chez l'incapable lui-même, serait suffisante pour le relever de son incapacité : *puta*, si la donation est faite au père ou à la mère du tuteur, incapable aux termes de l'article 907, et que ce parent du tuteur soit l'ascendant du donateur, ou bien encore si le malade traité par le médecin, son allié, donne à la femme ou aux enfants de celui-ci, qui sont ses parents au degré déterminé par l'article 909. Je ne doute pas non plus que le malade ne puisse tou-

1. Toulouse 9 décembre 1859, S. 1860, 2, 145 ; Delvincourt, t. 2, p. 60, n. 12 ; Aubry et Rau, t. 7, p. 51 ; Demolombe, t. 18, n. 649 ; Huc, *Code civil*, t. 6, n. 133.

jours donner à son propre conjoint quoiqu'il ait été traité par le père ou par le fils de celui-ci. De la même manière, en effet, que le tuteur ascendant n'est pas réputé recevoir en qualité de tuteur et que le médecin parent ou conjoint du malade n'est pas censé recevoir en qualité de médecin ; de la même manière le père ou le conjoint du tuteur quand il est ascendant du donateur, le père ou le fils ou le conjoint du médecin, quand il est parent du donateur jusqu'au quatrième degré, ne doivent être censés avoir recu qu'en leur titre personnel d'ascendant, de parent ou de conjoint du donateur ».

Cette théorie ne nous paraît pas admissible.

D'abord, en droit, l'article 911 ne fait aucune exception ; de plus on confond la nullité de la donation pour incapacité, vis-à-vis de l'incapable, avec la nullité vis-à-vis de l'interposé : or vis-à-vis de l'interposé elle est nulle parce qu'elle s'adresse en fait à un incapable, et que l'*animus donandi* fait défaut à son égard. Y a-t-il un incapable ? oui : l'*animus donandi* fait-il défaut ? on doit le supposer à cause de l'article 911. Malgré tous nos efforts, nous ne pouvons saisir le rapport qu'il y a entre les exceptions aux incapacités des articles 907 et 909, et la cessation de la présomption d'interposition quand les raisons de ces exceptions se rencontrent dans la personne du donateur et de l'interposé : cette extension est, d'après nous, absolument arbitraire.

En fait, dira-t-on que le fondement de la présomption n'existe plus, qu'il n'y a plus à redouter l'influence de ces incapables, et que la donation doit être considérée comme réellement faite au donataire nominal, en raison de l'affection que le donateur a pour lui ? Comment ? je suis très malade : je fais une donation à la femme de mon médecin qui est mon arrière petite-fille. Peut-on affirmer qu'il n'y a pas eu captation ?

Il eût été dommage de s'arrêter en si bon chemin et un auteur a déclaré que pour faire cesser la présomption il suffisait que la personne interposée fût héritière présomptive du donateur. Même au douzième degré ? (V. Bressolles, *Revue critique de législation*, 1860, page 1). Hâtons-nous de reconnaître que les auteurs trouvent cette doctrine exagérée, et s'arrêtent à la parenté au quatrième degré.

Certes, dans un cas particulier nous partageons la doctrine de M. Demante : le voici : la donation a été faite au fils du tuteur alors que ce fils est l'ascendant du mineur. Mais alors veut-on connaître le véritable motif de la disparition de la présomption : la présomption disparaît parceque la donation ne peut être annulée : elle est faite en effet en réalité à un tuteur qui est lui-même forcément un ascendant du mineur : il n'est donc plus incapable d'après l'article 907 : il n'y a pas d'interposition frauduleuse.

L'article 911 est un texte de droit étroit : n'établissant aucune exception, on ne saurait en admettre.

B) *Ces présomptions légales peuvent-elles tomber de-*

vant l'aveu du demandeur en nullité ou son refus de prêter serment ?

Les présomptions légales de l'article 911 sont des présomptions « *juris et de jure* » : quelle est leur force probante ? L'article 1352, § 2 nous le dit : « Nulle preuve n'est admise contre la présomption de la loi, lorsque, sur le fondement de cette présomption, elle annule certains actes ou dénie l'action en justice, à moins qu'elle n'ait réservé la preuve contraire et sauf ce qui sera dit sur le serment et l'aveu judiciaires ». En ce qui concerne la preuve contraire, aucune difficulté, puisque l'article 911 ne l'a pas expressément réservée. Reste la question de savoir si la présomption cessera lorsque le donateur ou ses héritiers avoueront que la donation s'adressait réellement à la personne prétendue interposée ou refuseront de prêter serment sur cette même question.

Si l'on consulte les travaux préparatoires, on lit dans le rapport de Jaubert : « Cette présomption ne pourrait être renversée que par des preuves positives, directes et irrécusables. » Locré, tome XI, déjà cité. Et dans un autre rapport sur la théorie générale des présomptions légales *juris et de jure*, le même Jaubert s'exprime ainsi : « Si la loi, en établissant une présomption, a déclaré que cette présomption suffisait pour que certains actes fussent annulés, ou si sur le fondement de cette présomption elle dénie l'action en justice, alors nulle preuve n'est admise, à moins que la loi n'ait réservé la preuve contraire. La donation faite au père d'un incapable est déclarée nulle sur le fondement que la loi répute ce père personne interposée de l'incapable. Nulle preuve ne serait admise contre cette présomption légale ». Locré, tome 12, Com. 11, n° 32.

M. Laurent prétend que Jaubert s'est trompé en disant qu'aucune preuve n'était possible, et en ne réservant pas l'aveu et le serment. Suivant nous, Jaubert fait allusion à ces moyens de preuve quand il dit : « Cette présomption ne pourrait être renversée que par des preuves positives, directes et irrécusables ». Mais, à supposer que telle ne soit pas sa pensée, nous dirons simplement qu'il a laissé intacte cette question qui se confond avec une autre plus générale : quelle interprétation faut-il donner à la disposition finale du deuxième alinéa de l'article 1352 ?

Pour certains auteurs la réserve faite par l'article 1352 ne serait applicable qu'aux cas où la loi n'aurait pas prononcé elle-même la nullité d'un acte sur le fondement de la présomption qu'elle établit : car en prononçant elle-même la nullité, elle indique que rien ne saurait faire disparaître cette nullité : c'est ce qu'elle a fait pour la nullité des donations faites sous le nom de personnes interposées statuant pour ce qui doit toujours arriver et non pour ce qui arrive le plus souvent. Casa Régis, dont les rédacteurs du code semblent s'être inspirés, est du même avis : suivant lui, l'acte est nul même s'il était constant qu'il a été fait sans fraude, par cela seul qu'il pouvait s'en commettre. Et on ajoute : un mari pourrait-il agir en aveu ou en serment contre sa femme pour savoir s'il est réellement le père de l'enfant que sa femme a mis au monde, et faire tomber ainsi la présomption de l'article 312 ? (Cours professé à la Faculté de Lyon par M. Caillemer). Permettra-t-on à celui qui a traité avec l'interdit de lui déférer le serment sur le point de savoir s'il a fait l'acte dans un intervalle lucide pour faire tomber la présomption de l'article 502 ? (Duranton, t. 13, n°s 414 et 415). Mais alors comment expliquer la rédaction de l'article 1352 qui paraît bien faire une restriction ? Le législateur a simplement voulu dire ceci ; je vais maintenant m'occuper de l'aveu et du serment que j'ai rangés parmi les présomptions légales : je vais dire quelle est leur force. Or nulle part dans les sections de l'aveu et du serment, le législateur ne dit qu'ils puissent faire preuve contre les présomptions légales.

Bien que cette théorie soit très séduisante, nous ne pouvons l'adopter. D'abord l'interprétation du texte de l'article 1352 est forcée. On ne peut nier que la fin de cet article fait deux réserves : on ne peut pas davantage soutenir que la première, celle de la preuve contraire, n'est pas relative aux cas où sur le fondement de la présomption la loi annule certains actes ; pourquoi en serait-il autrement de la seconde ? Le texte réunit les deux membres de phrase par la conjonction « et » : il y a entre eux un rapport évident. Il faut donc donner une signification à cette restriction : cette signification ne peut être que la suivante : le serment et l'aveu sont admis sur toutes espèces de contestations, ils sont possibles même contre les présomptions légales, art. 1358.

Reste l'argument tiré de l'impossibilité d'agir en aveu ou en serment contre les présomptions légales des articles 312 et 512. Voici ce qu'il faut répondre : l'aveu et le serment pourront servir de preuve contre les présomptions légales pourvu qu'il s'agisse d'une présomption établie uniquement dans l'intérêt privé d'une partie et non dans un but d'ordre public ; celles des articles 312 et 502 sont de cette dernière catégorie : mais lorsque l'héritier refuse de jurer qu'il croit réellement à l'interposition, cette déclaration est évidemment l'expression de la vérité : et la loi n'est nullement atteinte dans les prohibitions qu'elle a établies, puisque la donation ne s'adresse pas à un incapable (1).

En législation la disposition finale de l'article 1352 est-elle bonne? Oui suivant nous : et par conséquent nous n'approuvons pas le Code civil italien de l'avoir supprimée.

Section III. — *Des effets de la simulation frauduleuse.*

D'une façon générale on peut dire que la nullité est la sanction de la simulation frauduleuse. Et sans aucun doute, s'il s'agit d'une donation faite sous le nom de personnes interposées, nullité tant à l'égard de l'incapable

1. Aubry et Rau, t. 4, § 323 ; Demante t. IV. p. 77, n. 32 *bis*, 4 ; Laurent, *loc. cit.*

lui-même que de la personne interposée. Il suffit pour s'en rendre compte de faire une analyse de l'acte intervenu : de plus il résultera de cette décomposition de l'acte, que l'art. 911 était absolument inutile, et que la solution qu'il nous donne est celle qui résulterait de la simple application des principes du droit en matière de contrats :

1° *Donation faite à personne interposée.*

Si on décompose une telle donation et qu'on l'envisage successivement au point de vue de l'incapable, et au point de vue de l'intermédiaire, on arrive aux résultats suivants : vis-à-vis de l'incapable on ne saurait soutenir la validité de la donation : on ne peut pas faire indirectement ce qu'on ne peut faire directement. Or les donations faites à des incapables sont nulles. Vis-à-vis de l'interposé la donation n'a pas plus de force puisque la condition essentielle « l'*animus donandi* » de la part du donateur fait complètement défaut. Donc à l'égard de l'incapable, nullité pour incapacité ; à l'égard de l'intermédiaire, nullité pour défaut de cause.

2° *Donation déguisée.*

Nous ne pouvons pas dire qu'il y a nullité pour défaut de cause : il y a bien une cause, mais c'est une cause simplement simulée qui n'entache pas l'obligation. Seulement la donation est adressée à un incapable, et elle est par conséquent nulle, toujours en vertu du même principe qu'on ne peut pas faire indirectement ce qu'on ne peut faire directement.

Ayant ainsi établi le fondement de la nullité de l'article 911, nous allons étudier le caractère véritable de cette nullité, puis les conséquences de ce caractère

§ 1. — *Caractère de cette nullité.*

Dans un contrat, l'incapacité de l'une des parties, donne en principe naissance soit à une nullité absolue, soit à une nullité relative : et le caractère absolu ou relatif de la nullité varie avec le degré de l'incapacité : nous devons donc, pour dégager ce caractère, faire les distinctions que nous avons établies, lorsque nous avons recherché à quelles incapacités pouvait s'appliquer l'art. 911.

I. *Incapacités absolues.*

1° *Enfant non conçu et associations qui n'ont pas la personnalité civile.*

Les auteurs qui admettent que l'article 911 est applicable à cette catégorie décident avec raison qu'il y a inexistence et pas seulement nullité. Ne vaut-il pas mieux, comme nous l'avons fait, décider que l'article 911 doit être tout à fait écarté ?

2° *Femme mariée, associations reconnues, et individu condamné à une peine afflictive perpétuelle.*

Nous avons admis, qu'en ce qui concerne le déguisement, l'article 911 était applicable à ces incapables. Tout le monde est d'accord pour décider que la nullité qui frappe les donations déguisées faites aux associations reconnues et à l'individu condamné à une peine afflictive perpétuelle, est une nullité absolue. Mais au contraire il existe une controverse des plus sérieuses sur le point de savoir quel est le caractère de la nullité qui frappe une donation déguisée faite à une femme mariée, pour la soustraire à l'autorisation maritale spéciale en matière de donations.

Pour être bien comprise, cette controverse doit être prise à son point de départ : or elle est née sur la question de savoir quel était le caractère de la nullité qui frappe la donation acceptée par la femme sans l'autorisation de son mari. Pour certains c'est une nullité relative, pour d'autres c'est une nullité absolue.

A. *Théorie de la nullité relative.*

Duranton, t. 8, n° 435 ; Demolombe, *Donations*, t. 3, n° 219.

Ricard, dans l'ancien droit, avait demandé les sentiments du Palais sur cette question : « et quoique les plus solides soient d'avis de la nullité de la donation, il pourrait pourtant bien arriver, si la question se présentait à juger par la pluralité des suffrages que la balance serait emportée de l'autre côté. » Développant cette idée de Ricard les auteurs que nous avons cités, disent : il ne faut pas faire d'une question d'incapacité, une question de forme : car ainsi on en arriverait à apporter une dérogation injustifiable au principe général des articles 225 et 1125 du Code civil, d'après lesquels on ne doit pas retourner contre les incapables eux-mêmes les incapacités qui ne sont destinées qu'à les protéger. Il est faux de dire qu'il n'y a pas acceptation quand il n'y a pas autorisation : une fille majeure ou une veuve peuvent bien accepter : la femme mariée ne le peut pas : pourquoi ? parce-qu'elle est incapable : ce n'est donc qu'une question de capacité et non une question de formes. Or quelle est la théorie générale en matière de capacité de la femme mariée ? c'est l'article 217 qui nous la donne : et cet article met sur la même ligne les actes à titre gratuit et les actes à titre onéreux : or personne n'oserait soutenir que la nullité qui frappe ces derniers quand ils sont faits sans autorisation n'est pas une simple nullité relative. L'article 934 reproduit les termes de l'article 217, et il nous y renvoie : donc la nullité qui atteint la donation acceptée sans autorisation du mari est une nullité simplement relative.

B. *Théorie de la nullité absolue.*

Demante et Colmet de Santerre, Aubry et Rau, Delvincourt, Troplong, Toullier, admettent la théorie contraire et ils sont suivis par la jurisprudence : Cassation, 14 juillet 1856, D. 1856, 1, 282 ; 29 janvier 1879, D. 79, 1, 76. Nous devons toutefois signaler les hésitations de MM. Aubry et Rau, qui tout en admettant cette doctrine avouent que « les raisons sur lesquelles on l'appuie, ne leur semblent pas concluantes et que s'ils avaient à se prononcer sur la question en pure théorie et d'après les principes généraux du droit, ils n'hésiteraient pas à dire que l'inobservation des règles prescrites par les articles 934 et 935 ne doit entraîner qu'une nullité relative ».

Suivant nous, il y a bien une nullité absolue : il y a un intérêt moral d'ordre public à ce que le mari soit juge du point de savoir si la donation doit ou non être acceptée : quand il s'agit d'un acte à titre onéreux, l'autorisation maritale est exigée dans un but de protection, soit de la femme elle-même, soit de la famille : mais s'il s'agit d'une donation, l'autorisation est exigée dans l'intérêt des bonnes mœurs. « Une libéralité faite à la femme à l'insu de son mari est un fait scandaleux que le législateur réprime au nom de la pureté des mœurs ». La nullité qui frappe la donation acceptée par la femme, sans l'autorisation de son mari est donc une nullité absolue.

Etant donné ce point de départ, pour en revenir à la véritable question, les Cours d'appel décident que la donation déguisée faite à la femme mariée est nulle, d'une nullité absolue : elles sont logiques avec elles-mêmes, puisqu'elles admettent la même solution quand la donation est faite directement. Agen, 21 mars 1887, sous arrêt de cassat., 29 mai 1889, Dal., 89, 1, 369 ; Aix, 10 mars 1880, sous arrêt de cassat., 30 novembre 1885, Dal., 1887, 1, 443 ; Toulouse, 9 mars 1885, sous le même arrêt (1).

1. Il est bon de remarquer que sur ce dernier arrêt la Cour de cassation a tourné la difficulté. La cour de Toulouse avait formellement décidé que la donation déguisée était nulle pour défaut d'autorisation maritale : mais la cour suprême, laissant ce point dans l'ombre, a confirmé l'arrêt de la cour d'appel qui avait toutefois bien jugé puisqu'il s'agissait d'une obligation sur cause illicite et contraire aux bonnes mœurs. Ce motif seul est relevé par la Cour de cassation.

Mais la Cour de cassation, tout en admettant la nullité absolue de la donation faite directement à la femme et acceptée sans l'autorisation de son mari, décide que s'il s'agit d'une donation déguisée, la nullité n'est plus qu'une simple nullité relative. Il importe de rappeler les circonstances par lesquelles la Cour de cassation a été amenée à donner cette décision.

Le sieur Bégué avait reconnu devoir à la femme Trillon une certaine somme : il demande la nullité de cette reconnaissance, arguant qu'il a voulu faire une donation déguisée et que pour une telle donation l'autorisation du mari est une condition d'existence de l'acceptation, dont le défaut peut être invoqué non-seulement par la femme elle-même mais encore par celui de qui émane la donation. La cour d'Agen admet sa demande, décidant par conséquent qu'il s'agit d'une nullité absolue. 21 mars 1887.

La femme Trillon et son mari se pourvoient devant la Cour de cassation. Voici les motifs du pourvoi : l'arrêt attaqué a déclaré que l'acte de reconnaissance, malgré ses termes clairs et précis, n'avait pour cause qu'une libéralité déguisée ; elle l'a déclarée nulle comme n'ayant pas été acceptée avec l'autorisation du mari, alors qu'aucune autorisation n'était nécessaire, puisqu'il s'agissait d'une simple obligation unilatérale, la reconnaissance de dette ; au demeurant le demandeur n'avait pas qualité pour exciper du défaut d'autorisation. La Cour de cassation admet le pourvoi et casse l'arrêt : « Attendu que cet acte présente tous les caractères d'un contrat à titre onéreux portant reconnaissance de dette de Bégué envers ladite dame Trillon, et alors même qu'il déguiserait, ainsi que le déclare l'arrêt attaqué, une libéralité envers cette dernière, il n'en serait pas moins valable puisqu'il satisfait à toutes les prescriptions de la loi pour ces sortes de contrats — qu'en effet cette reconnaissance de dette ne constituant qu'une obligation unilatérale, n'était point soumise à la formalité de l'acceptation par la créancière et que par conséquent le mari n'avait point à donner pour cette acceptation une autorisation dont au surplus la femme Trillon aurait pu seule opposer l'absence. » Nous voici enfin à la théorie que la Cour de cassation admet sur la question qui nous occupe ; car tout en admettant qu'il s'agit d'une nullité relative elle casse l'arrêt, parce qu'en fait, il ne s'agit pas d'une donation déguisée, mais bien d'une reconnaissance de dette sincère, pour laquelle il ne faut aucune autorisation ; ce n'est que subsidiairement qu'elle invoque le motif qu'il nous importe de connaître.

Disons, tout de suite, que grand est notre étonnement de voir la Cour de cassation trancher une question de fait la question du déguisement dont les premiers juges étaient les seuls appréciateurs.

Renvoi devant la cour de Bordeaux : mais ici l'affaire se complique : les époux Trillon reconnaissent qu'il y a bien une libéralité déguisée : de plus le demandeur Bégué invoque un autre motif fondé sur ce que la libéralité serait le prix d'un marché honteux. La cour confirme l'arrêt d'Agen, mais à cause de ce nouvel élément, par application des articles 1131 et 1133. Toutefois dans ses attendus elle reconnaît la théorie de la Cour de cassation sur le caractère de la nullité : « Attendu qu'il est indéniable que la proposition de l'article 217 qui ne permet pas à la femme même commune ou séparée de biens, d'acquérir à titre gratuit ou onéreux sans le concours du mari ou son consentement par écrit n'est que la conséquence de l'article 213 et se rattache à l'ordre public ; mais attendu qu'en vertu des principes proclamés par l'arrêt de renvoi dans le cas de donation déguisée sous la forme d'un contrat à titre onéreux la nullité résultant du défaut d'autorisation maritale n'est que relative et qu'en vertu des articles 225 et 1125 elle ne peut être proposée que par l'un des époux, d'où il résulte que Bégué ne doit pas être admis à s'en prévaloir. »

Donc la Cour de cassation, et la Cour de Bordeaux paraît se rendre à ses raisons, admet que la nullité qui frappe une donation déguisée faite à une femme mariée est une simple nullité relative. Comment justifier cette solution ?

L'article 938 nous dit : « Toute donation dûment acceptée... » : elle doit donc être acceptée dûment, c'est-à-dire en observant les formes exigées par la loi : pour la femme mariée l'autorisation prescrite est une forme *ad solemnitatem* de la donation : si donc elle n'est pas observée l'acceptation est nulle et d'une nullité absolue : mais cela seulement quand on se trouve en présence d'une donation faite directement : mais s'il s'agit d'un acte qui déguise une donation ces formalite prescrites *ad solemnitatem* ne sont plus nécessaires, et il suffit de respecter les formes exigées pour l'acte lui-même : dès lors la nullité prendra le caractère de la nullité attachée à l'absence des formalités de cet acte : or pour un acte à titre onéreux la nullité attachée au défaut d'autorisation maritale est une nullité relative : ce sera aussi une nullité relative pour la donation déguisée sous forme de contrat à titre onéreux.

Ce raisonnement paraît absolument rigoureux et inattaquable au premier abord. Et cependant la protection des bonnes mœurs n'exige-t-elle pas que la femme mariée ne puisse recevoir contre le gré de son mari aucune donation sous quelque forme que ce soit ? Le législateur paraît avoir attaché une présomption d'indignité et d'immoralité aux libéralités faites à une femme sans l'assentiment de son mari : le scandale et l'atteinte à l'ordre public ne sont pas moindres lorsqu'une libéralité est déguisée sous la forme d'un contrat à titre onéreux ; et il serait souverainement immoral, qu'il pût suffire de recourir à un expédient aussi commode pour éluder les prescriptions édictées par la loi dans l'intérêt supérieur des bonnes mœurs.

Certes, ces considérations, décisives lorsqu'il s'agit

d'une donation ordinaire, conservent toute leur force quand il s'agit des donations déguisées. Mais n'en serait-il pas ainsi, nous estimons que même au point de vue juridique on doit repousser la doctrine de la Cour de cassation. Il s'agit de raisonner encore plus rigoureusement qu'elle ne le fait. La théorie qu'elle soutient n'est que la conséquence de la validité des donations déguisées admise, comme on le sait, par une jurisprudence unanime et c'est pour échapper au reproche de ne pas être logique avec elle-même que la Cour de cassation admet qu'il s'agit d'une nullité relative ; elle a tort, car elle ne serait pas du tout illogique en décidant que la nullité a un caractère absolu. Les donations déguisées, dit la Cour de cassation, sont valables, en ce sens qu'elles sont dispensées des formalités prescrites pour la validité des donations directes ; l'accepation est une de ces formalités : elle n'est donc plus nécessaire et par conséquent le défaut d'autorisation maritale ne peut entraîner que la nullité qui est attachée à l'absence d'autorisation s'il s'agit d'un acte à titre onéreux. Voilà, suivant nous, le point faible de la discussion de la cour suprême : elle confond une condition de forme avec une condition de capacité : sans doute l'acceptation d'une donation est une formalité : mais lorsqu'il s'agit de la femme mariée cette formalité devient une condition de capacité, puisque l'incapacité de recevoir de la femme mariée, réside précisément dans le caractère spécial de l'acceptation. La nullité de l'acte doit donc être celle qui sanctionne cette incapacité ; c'est une nullité absolue. Mais alors, nous dira-t-on, supposez qu'il y ait eu une vente apparente : le mari a donné son autorisation ; si le donateur attaque, le mari ou la femme répondront : l'autorisation a été donnée, vous ne pouvez pas vous plaindre. Mais alors le donateur répliquera au mari : sans doute vous avez autorisé votre femme mais en vue de contracter à titre onéreux : mais auriez-vous donné cette autorisation si vous aviez su qu'en réalité il s'agissait d'une donation ? Nous admettrions donc la femme ou le mari à démontrer que l'autorisation a bien été donnée en vue d'acquérir à titre gratuit.

II. *Incapacité relatives.*

Nous sommes obligé de faire une nouvelle distinction, car il est impossible de mettre sur le même plan l'incapacité de l'enfant naturel et les autres incapacités relatives.

1° *Incapacité de l'enfant naturel.*

A s'en tenir au texte de l'article 911 on pourrait croire que la sanction de cette incapacité est une nullité. Et les travaux préparatoires ne fournissent aucun argument en faveur d'une opinion contraire. Le donateur a voulu frauder la loi : la nullité de la donation sera la juste punition de cette fraude. Sans compter que cette réparation est bien due aux héritiers légitimes qui doivent toujours être l'objet de la sollicitude du législateur. En outre, l'article 1099 qui prévoit lui aussi le cas d'une incapacité partielle, décide que la donation simulée en fraude de cette incapacité est nulle (1).

1. Bayle Mouillard sur Grenier, t. 1, n. 156 note *a*; Aubry et Rau, t. 7, § 650 *bis*. p. 49 ; Poitiers, 27 février 1888, S. 1888, 2, 8.

Nous ne pouvons admettre cette théorie : l'argument, d'ordre moral, tiré de la faveur du législateur pour la famille légitime n'est guère concluant : en voulant punir l'auteur de la faute on atteint des innocents : c'est un reste de préjugés sociaux que l'on doit espérer voir disparaître. D'autant plus qu'il est fort possible que l'auteur de l'enfant naturel ait une intention fort louable en agissant ainsi : peut-être a-t-il voulu donner sa quote-part légale à l'enfant naturel pour l'écarter ensuite de la succession et éviter ainsi un conflit scandaleux avec les héritiers légitimes : peut-être a-t-il voulu faire la loi meilleure qu'elle ne l'est. L'argument d'analogie tiré de l'article 1099 n'a pas non plus grande valeur : à supposer qu'il s'agisse bien de nullité et non de réductibilité, ce que nous discuterons, on peut répondre que le législateur a été dominé par des considérations d'une gravité exceptionnelle.

Mais d'ailleurs le raisonnement le plus simple conduit à admettre la théoriede la réductibilité. Pourquoi la loi déclare-t-elle nulles les donations simulées ? parce qu'elles sont adressées à des incapables, et non pas seulement parce qu'elles sont simulées. Pourquoi la sanction serait-elle plus rigoureuse que si la donation était faite directement ? Faite directement la donation serait simplement réductible : faite indirectement elle sera également réductible (1).

1. Demolombe, t. 18, n. 670 ; Laurent, t. 11, n. 425 ; Demante, t. 4, n. 82 *bis* II.

2° *Autres incapacités relatives.*

Pour toutes les autres incapacités relatives, qui sont des incapacités totales, la sanction est bien la nullité : reste à savoir si ce sera une nullité absolue, ou bien une nullité simplement relative. Nous adoptons le criterium général que donne M. Laurent : la nullité est-elle fondée sur l'ordre public, elle sera absolue : est-elle fondée sur un intérêt privé ce sera une simple nullité relative. Nous ne pouvons pas dire que l'incapacité du tuteur vis-à-vis du mineur, ou celle du médecin vis-à-vis de son malade soient fondées sur l'ordre public. Ce sont des moyens de protection et en principe les incapacités ayant pour fondement une idée de protection engendrent une simple nullité relative.

§ 2. *Conséquences de ce caractère.*

En thèse générale on peut dire que la distinction entre les nullités absolues et les nullités relatives présente de l'intérêt à deux points de vue : d'abord au point de vue des personnes qui peuvent agir en nullité, ensuite au point de vue des circonstances susceptibles d'éteindre l'action en nullité.

I). *Personnes qui peuvent invoquer la nullité* :

1°) Nullité absolue.

Toute personne pourra attaquer la donation sanctionnée par la nullité absolue : ce sont les donations faites à la femme mariée, et à l'individu frappé d'une peine afflictive perpétuelle.

2°) Nullité relative.

Le principe c'est que la nullité pourra être invoquée par les personnes dans l'intérêt desquelles cette nullité a été établie.

A). Le donateur.

On a soutenu que l'action en nullité n'appartenait pas au donateur, et en faveur de cette opinion on a invoqué la maxime : *Nemo auditur propriam turpitudinem allegans.* Comment admettre, en effet, que la loi permette à une personne d'invoquer en sa faveur la fraude dont elle s'est rendue coupable ? Cette maxime, répondrons-nous, n'a pas été reproduite par le Code et de plus elle n'a pas la portée qu'on lui donne, sinon on aboutirait aux résultats les plus choquants. Ainsi, appliquant cette maxime, on devrait décider que, toutes les fois qu'une obligation a une cause illicite ou immorale, les parties ne pourront pas en invoquer la nullité. Il est fort probable, dans ce cas, qu'elle recevra une exécution complète ; est-ce le vœu de la loi ? Il n'y a qu'à lire l'article 1131 pour se convaincre du contraire.

Et toutefois, cette règle n'est pas immuable. Nous pensons que l'auteur de l'enfant naturel ne pourra pas invoquer la nullité d'une donation simulée en faveur de cet enfant. Bayle-Mouillard dit : « que ce serait l'admettre à faire la preuve de la honte de sa propre conduite, et la morale y répugne non moins que la loi, surtout si la reconnaissance de l'enfant n'avait été faite que pour favoriser l'action. » Sans doute c'est une bonne raison, mais ce n'est pas, suivant nous, le vrai motif. Nous devons nous référer au principe : peuvent se prévaloir de la nullité ceux en faveur de qui l'incapacité a été édictée. Or ici l'incapacité est établie, non par faveur pour le donateur qui n'a aucun titre à l'indulgence du législateur, mais en faveur des héritiers légitimes que le donateur a eu l'intention de frustrer de leurs droits ; à eux seulement appartiendra l'action en nullité.

B). Les ayants cause du donateur.

Ces ayants-cause sont à titre universel ou à titre particulier :

a) *Ayants-cause à titre universel.*

Ce sont les héritiers et les légataires universels ou à titre universel. Pour les héritiers aucun doute n'est possible : ils succèdent à tous les droits et actions de leur auteur et, de plus, on peut dire que le plus souvent la nullité est édictée en leur faveur. Ce second motif n'existe plus lorsqu'il s'agit des légataires universels ou à titre universel ; pour eux le premier motif peut seul être invoqué et ils n'exerceront donc l'action en nullité qu'autant qu'il l'auront trouvée dans le patrimoine de leur auteur : par conséquent nous leur refuserons cette action lorsque nous serons en présence d'une donation simulée au profit d'un enfant naturel. — Mais alors une complication peut surgir : supposons que le donateur ait en même temps institué un légataire universel : le légataire universel n'a pas l'action en nullité puisque le donateur ne l'avait pas. Mais les héritiers pourront-ils agir en nullité, bien entendu s'ils ne sont pas réservataires? Nous ne le pensons pas : pourquoi leur accorderait-on une action qui profitera non pas à eux mais au légataire universel que le législateur n'a eu nullement l'intention de protéger? Voy. en sens contraire : Cass. : 7 avril 1865, Dall. 1865, 1, 49.

b) *Ayants-cause à titre particulier.*

Ce sont les légataires particuliers les autres donataires et les créanciers. — Les légataires ne continuent pas la personne du défunt et on ne peut pas dire non plus que la nullité ait été édictée en leur faveur : ils n'auront donc pas le droit d'agir en nullité. — Nous en dirons autant des autres donataires. Quant aux créanciers nous estimons qu'on ne peut leur refuser ce droit si du moins leur débiteur, le donateur, a cette action dans son patrimoine : ils agissent en vertu de l'article 1166 : ils n'exercent pas l'action paulienne : donc il n'est pas nécessaire de tenir compte de l'antériorité des créances : peu importe également que le tiers bénéficiaire soit ou non coupable de fraude, peu importe que le débiteur ne soit pas insolvable. Ils agissent au nom de leur débiteur : si donc ce dernier n'a pas l'action (hypothèse du père naturel) ils n'auront plus que la ressource de l'action paulienne.

II. *Comment l'action en nullité peut-elle s'éteindre?*

1° *Nullité absolue.*

Les actions fondées sur une nullité absolue ne sont pas

susceptibles de renonciation et elles ne peuvent non plus s'éteindre que par la prescription de droit commun, la prescription trentenaire.

2° *Nullité relative.*

Cette nullité peut disparaître soit par suite d'une renonciation expresse ou tacite, soit par l'effet de la prescription.

A. *Renonciation expresse ou tacite.*

Il s'agit en effet de la protection d'intérêts particuliers : dès lors on ne saurait empêcher de renoncer à l'action qui la sanctionne, celui en faveur de qui la protection a été organisée. Toutefois quelques doutes se sont élevés pour la nullité qui frappe la donation faite à un enfant naturel par l'un de ses auteurs : on a dit que cette nullité n'était pas fondée seulement sur la protection de la famille légitime, mais sur une considération plus haute, la nécessité du mariage. Assurément c'est là un motif indirect : mais nous pensons que le législateur a été plutôt dominé par la considération de l'intérêt de la famille légitime : nous voyons en effet la part des enfants naturels augmenter, à mesure que le degré de parenté de l'héritier légitime devient plus éloigné, et cette part est même de toute l'hérédité lorsque les héritiers légitimes font absolument défaut.— (*Contra*, Lyon, 23 mars 1855, Dal. 1856, 2, 3).

B. *Prescription.*

Quelle sera la durée de la prescription : nous n'éprouvons aucune hésitatien à dire que, du moment que nous sommes en présence d'une nullité relative fondée sur un intérêt purement privé, on appliquera la prescription décennale de l'article 1304. MM. Aubry et Rau, cependant (tome VII, p. 55), nous disent que cette action n'est prescriptible que par 30 ans : ils ne donnent d'ailleurs aucune explication et se contentent de faire un renvoi à l'étude de l'article 1304 : à cet endroit voici ce que nous lisons : « Il importe peu que la nullité soit virtuelle ou textuelle, relative ou absolue, de fond ou de forme, d'intérêt privé ou d'ordre public pourvu que, d'ailleurs elle soit susceptible d'être couverte par confirmation ». Et lorsqu'ils traitent de la nullité des donations faites à un incapable, ils disent : « les personnes autorisées à demander la réduction ou l'annulation d'une disposition adressée à un incapable ne sont plus recevables à le faire lorsqu'elles ont volontairement et en connaissance de cause exécuté la disposition après le décès du disposant ». N'est-ce pas ce qu'on appelle confirmer. Il y a donc là chez ces auteurs une contradiction que nous ne sommes pas parvenu à nous expliquer.

APPENDICE

De la simulation frauduleuse dans les donations entre époux.

De tous temps le législateur s'est préoccupé de la situation particulière des époux au point de vue des donations : la vie commune, conséquence forcée du mariage, l'affection qui doit en résulter, peut-être même l'influence morale de l'un des époux sur l'autre sont bien de nature à éveiller des soupçons de captation, lorsque l'un des époux fait à l'autre une libéralité : « Tu peux et dois aussi sçavoir que combien qu'éxpressément soit défendu que le mary durant le mariage ne puisse rien donner à la femme, ni la femme au mary. Et ce fut faict par grande et meure raison, qui meut les empereurs à ce faire car trop seraient les femmes introduictes à donner à leur maris ou pour complaire ou pour crainte qui souvent pourrait advenir, ou par motif de luxure et pour nulle raison ne s'y peut condescendre de concéder ». Jehan de Bouteiller, *Grand Coustumier Général*, page 328.

Et ce danger n'augmente-t-il pas quand une personne ayant des enfants d'un premier lit, convole en secondes noces? N'y a-t-il pas à redouter qu'influencé par son deuxième conjoint, cet époux ne dépouille injustement les enfants issus de sa première union.

Ces diverses considérations justifient largement les restrictions que le droit romain, notre ancien droit, et le Code civil, ont apportées à la liberté de disposer, quand il s'agit des donations entre époux ; et ils ont également réprouvé les moyens simulés par lesquels on aurait pu éluder ces restrictions.

§ 1. — *Notions historiques.*

I. *Droit Romain.*

De bonne heure on avait prohibé à Rome les donations entre époux : à quelle époque précise, on ne saurait le dire, Ulpien se contentant de nous apprendre que ce fut le résultat de la coutume, et les avis étant encore partagés sur le point de savoir si l'exception établie en faveur des époux par la *lex Cincia*, était applicable seulement aux donations à cause de mort, ou bien à toutes les libéralités. Quoi qu'il en soit, dès que cette prohibition fut admise d'une façon définitive on prohiba les donations faites par un époux à l'autre sous le nom de personnes interposées. Nous ne citerons pas à nouveau les fragments que nous avons déjà donnés dans l'historique général. — Le sénatus-consulte de Caracalla n'apporta aucune modification à la théorie de l'interposition, sauf que l'interposition ne fut pas une cause de nullité lorsque la donation directe était permise.

II. *Ancien droit.*

Les pays de droit écrit avaient suivi les principes du droit romain : au contraire dans les pays de coutumes, ce ne fut que vers le XIVe siècle que s'établit la prohibition des donations entre époux, et au XVIe siècle elle est à peu près universelle : dans les seules coutumes d'Angoulême et de Noyon les donations irrévocables entre époux sont permises. L'unification fut l'œuvre de François II qui supprima la différence qui existait encore entre les pays de droit écrit et ceux de coutume : ces derniers n'appliquaient pas les constitutions *feminæque* et *hac edictali* : l'édit des secondes noces dans son premier chef, prévoit le cas de la veuve qui convole en secondes noces et lui défend de donner à son conjoint plus qu'une part d'enfant le moins prenant. La jurisprudence étendit au veuf cette prohibition.

Quand à la théorie de la simulation, elle est aussi établie d'une façon très nette. L'article 282 de la coutume de Paris dispose ainsi : « Homme et femme conjoints par mariage, constant y celui ne se peuvent avantager l'un l'autre par donations entre vifs, par testament ou ordonnance de dernière volonté ny autrement directement ny indirectement en quelque manière que ce soit sinon par don mutuel comme dessus ». Sont encore rédigées dans le même sens les coutumes de : Melun, chap. 14, art. 234. — Sens, titre 8, art. 71. — Auxerre, titre 12, art. 228. — Chaumont, titre 4, art. 68. — Châlons, titre 6, art. 27. — Lille, titre 5, art. 52. — Orléans, titre 15, art. 280. — Berry, titre 8, art. 1.

Voici d'ailleurs ce que nous dit Tronçon sur l'article 282 de la coutume de Paris :

« La coutume de Châlons (Titre des droits appartenant à gens mariez, adjouste audit article, ny par personne interposée, et la coutume de Touraine, art. 300, adjouste par contrat de donation, vendition, arrentement, eschange ou autrement par quelque autre contract que ce soit non pas mesure du consentement des héritiers du mary ou de la femme : ce mot de nostre coustume, indirectement s'entend sous le nom d'autruy par tacite fideicommis à la charge de restitution par contre-lettres : *domestica cautione vel chirographo*. Et il est à remarquer qu'à qui il n'est permis de donner directement par contract public ne peut-être donné indirectement sous le nom d'autruy et par l'interposition de personnes confidentes par fideicommis..... Par arrest du mercredy 23 décembre 1562 prononcé en robbes rouges, fut décidé qu'une donation faicte par un mary aux enfants de la femme autres que de leur lict, n'était bonne ne valable et que c'estait une donation et avantage faicte indirectement à la femme contre la coustume de Paris prohibitive de ces donations. Semblablement une donation faicte par testament à une fille de la femme d'un nommé Bernard fût déclarée comme indirectement faicte en faveur de la mère par arrest donné en audience le 12 juillet 1584 plaidans David et du Faur. Cette donation semble être faicte au profit de l'un des mariez contre la disposition de l'ordonnance des secondes nopces 1560. Telles personnes conjointes semblent être supposées ou interposées pour déguiser la donation qui tourne néant moins au profit de l'un des mariezs ».

§ 2. — *Effets de la simulation frauduleuse dans les donations entre époux.*

Article 1099 : « Les époux ne pourront se donner indirectement au delà de ce qui leur est permis par les dispositions ci-dessus. Toute donation ou déguisée ou faite à personnes interposées sera nulle ».

Article 1100 : « Seront réputées faites à personnes interposées les donations de l'un des époux aux enfants ou à l'un des enfants de l'autre époux, issu d'un autre mariage et celles faites par le donateur aux parents dont l'autre époux sera héritier présomptif au jour de la donation, encore que ce dernier n'ait point survécu à son parent donataire ».

La théorie générale de la simulation frauduleuse que nous avons exposée dans les trois premières sections peut s'appliquer aux donations entre époux : cependant nous devons signaler trois différences : au point de vue de la preuve ; au point de vue de la portée d'application de l'article 1099, enfin au point de vue de la sanction édictée par cet article.

I). *Preuve de la simulation.*

La différence réside dans la preuve de l'interposition. Comme pour les donations ordinaires, on doit distinguer l'interposition de fait et l'interposition de droit : mais les présomptions légales de l'article 1100 ont été établies d'une façon plus large que celles de l'article 911 : il suffit en effet d'être héritier présomptif du conjoint donateur au jour de la donation pour être présumé interposé vis à vis de l'autre conjoint : le fondement est donc ici unique : c'est l'idée de rapport de succession.

II). *Portée d'application de l'article 1099.*

On a soutenu que l'article 1099 était une disposition générale qui devrait être étendue à toutes les dispositions prohibitives de la loi en matière de donations entre époux et qui notamment devrait sanctionner le principe de révocabilité de ces donations contenu dans l'article 1096 (1).

Que ce soit là l'idéal en législation, nous le croyons mais nous estimons que cette interprétation est contraire au texte de la loi et à l'intention du législateur. D'abord l'article 1099 dit que les époux ne pourront se donner indirectement « au delà » ; donc l'article a en vue la quotité disponible et non pas le principe de la révocabilité. La solution que nous adoptons est d'ailleurs celle qui résulte des travaux préparatoires : Locré tome XI. *Comment.* 16, n° 26 *in fine*. Nous lisons en effet dans le rapport de Favart au corps législatif, exprimant le vœu d'adoption émis par le tribunat au sujet du projet de loi formant le titre 2 du livre 3 du Code civil, après avoir parlé de la quotité disponible entre époux, et du principe de la révocabilité de ces donations : « Enfin il fallait prévenir les

1. Aubry et Rau., t. 7, § 690.

donations directes entre époux par personnes interposées de la portion de biens qu'il ne peuvent pas se donner. »

Nous concluons que l'article 1099 ne se rapporte qu'aux articles traitant de la quotité disponible entre époux. Ce sont les articles 1094 et 1098 (1).

III). *Sanction établie par l'article 1099.*

Est-ce bien une nullité qui est établie par l'article 1099 ? Ou bien vaut-il mieux dire que ces donations ayant pour but de porter atteinte à la quotité disponible ne seront nulles que dans la mesure où elles excèderont cette quotité, c'est-à-dire simplement réductibles ? La question est encore aujourd'hui très vivement discutée, puisqu'on ne compte pas moins de quatre opinions différentes : il importe tout d'abord d'en éliminer deux qui ne reposent suivant nous sur aucun fondement sérieux.

1er Système. Certains auteurs (Delvincourt, Aubry et Rau) (2) pensent que c'est une question d'intention du donateur. Le donateur n'a-t-il pas voulu porter atteinte à la quotité disponible, la donation sera simplement réductible. Mais au contraire a-t-il agi dans une intention frauduleuse, la donation sera complètement nulle : c'est une juste punition de sa fraude.

Comme on l'a dit, cette distinction rentre facilement

1. Laurent, t. 15, n. 408 ; Demolombe, *Donation*, t. VII, n. 607 et suivants Baudry Lacantinerie *Don. et Test.* t. 2, p. 292.

2. Delvincourt, *C. de Code civil*, t. 2 sur art. 1098 ; Aubry et Rau t. 7. § 690 ; Caen, 3 avril 1853, Sir. 1853, 3, 699.

dans le texte : oui suivant nous : d'autant plus facilement que le législateur n'y a jamais songé. D'ailleurs, est-ce qu'en notre matière l'intention du donateur n'est pas toujours frauduleuse. Pourquoi déguiser sa donation s'il ne voulait pas porter atteinte à la quotité disponible ?

2e Système. Si la donation n'excède pas la quotité disponible elle est valable : si elle la dépasse, elle sera nulle pour le tout. Nous ferons à cette opinion le même reproche qu'au précédent système : pourquoi inventer une distinction si subtile que le législateur ne l'a jamais eue à l'esprit. Et de plus n'y a-t-il pas une inconséquence flagrante à dire : la libéralité sera valable si vous ne dépassez pas le disponible : mais elle ne le sera plus même pour ce disponible, si vous le dépassez (1).

Restent les deux systèmes qui seuls, d'après le texte de la loi, peuvent se concevoir sur cette question, celui de la nullité totale, celui de la nullité partielle, ou simple réductibilité de ces dispositions. Toutes nos préférences sont pour ce dernier, aussi exposerons-nous d'abord la théorie de la nullité totale.

3e Système. Ces donations sont complètement nulles.

On doit interpréter rigoureusement l'article 1099 ; que dit-il ? Il fait une distinction bien nette : d'un côté il place les donations indirectes proprement dites et il dit qu'on

1. Dalloz, 1837, 2, 1 ; Zachariæ, § 690 ; Troplong, t. 4, n. 2744 ; Bordeaux, 16 fevrier 1874, Sir 1874, 2, 206 ; Cass. 23 mai 1882, D. 1883, 1, 407 ; Cass. 22 juillet 1884 ; D. 1885, 1, 164 ; Cass. 16 avril 1886, D. 87, 1, 169 ; Rennes, 7 avril 1892 ; D. 1862, 2, 245.

ne pourra les faire au delà de la quotité disponible ; en second lieu il s'occupe des donations simulées et celles-ci il les déclare nulles : dans le premier cas, réductibilité, dans le second, nullité. Cette solution n'est-elle pas juste ? Une donation simulée implique une idée de fraude de la part du donateur ; au contraire, il peut arriver qu'il ait fait une donation indirecte sans même se douter qu'il avantageait son conjouit. « Entre les avantages indirects mais ostensibles et les donations simulées il y a toute la différence qui sépare la vérité du mensonge ; le législateur devait être indulgent là où il ne s'agissait que d'une question de quotité, mais il a dû s'armer d'une rigueur salutaire lorsqu'à l'aide d'un déguisement on a tenté de frauder la loi ». Agen 5 décembre 1849, Dal. 1850, 2, 7. Qu'on ne dise pas qu'il y a une analogie évidente, entre les articles 911 et 1099, et que nous sommes bien forcés d'admettre que l'article 911, quoique parlant de nullité, édicte simplement la réductibilité lorsqu'il s'agit de donation simulée portant atteinte à la quotité disponible au profit de l'enfant naturel : l'enfant naturel n'est pas incapable dans la mesure de ce qu'il peut recevoir ; au contraire, la qualité d'époux existe toujours et n'est pas susceptible de plus ou de moins. Sans compter qu'il y aurait dans l'article 1099 un pléonasme incompréhensible ; les donations simulées sont des donations indirectes : pourquoi dire à nouveau dans le deuxième alinéa de l'article 1099 ce qui résultait suffisamment de son premier alinéa. — Et enfin Pothier, au n° 78 de son traité des donations entre époux, nous dit en parlant du droit romain : « Les avantages qui étaient simulés et qui n'étaient faits que pour couvrir et déguiser une donation que l'un des conjoints vouloit faire à l'autre étaient déclarés nuls ; les autres qui n'étaient qu'indirects étaient valables : on réformait seulement l'avantage prohibé qu'ils renfermaient». Il en était de même au temps de Pothier (1).

4e Système. Ces donations sont simplement réductibles.

La théorie que nous venons d'exposer est très séduisante : son point de départ, la distinction entre les donations indirectes proprement dites et les donations simulées, a une réelle apparence de vérité. Nous croyons cependant que ce n'est que l'apparence.

A l'expression « donner directement » le Code civil oppose l'expression « donner indirectement » : par cette dernière il entend : les donations proprement indirectes d'une part, les donations simulées d'autre part. Donner indirectement, voilà le genre ; donations indirectes, donations simulées, voilà l'espèce. Or, quand le législateur veut parler des deux espèces en général, il dit : « donner indirectement » : témoin l'article 843, C. c. Quand il veut parler des donations indirectes proprement dites il dit « avantages indirects » : témoin l'article 853, C. c.

1. Colmet de Santerre, t. 4, n. 279 *bis* ; Demolombe, t. 6, n. 451, 452, 614 Laurent t. 15, n. 404 ; Toullier, t. 5, n. 901 ; Baudry-Lacantinerie, *Précis de droit civil*, t. 2, n. 779 ; Huc, t. 6 n. 486 ; Cass. 30 novembre 1831, Sir 1832, 1, 134 ; Casss. 29 mars 1838, Sir. 1838, 1, 481 ; Toulouse, 1er mars 1872, sous Cass. 22 janvier 1873 ; Cass. 25 juillet 1881, Sir. 1882, 1, 49.

Quand il veut parler de donations simulées il dit : « donations déguisées ou par personnes interposées » témoin l'article 911.

Ceci établi, revenons à l'article 1099 : il dit : les époux ne pourront se donner indirectement. Donc il veut parler des donations indirectes en général et non pas seulement des donations indirectes proprement dites. — Mais alors, nous dira-t-on, vous vous condamnez vous-même : après avoir donné une solution générale, le législateur donne une solution particulière pour les donations simulées ? Nous répondons. Le législateur n'a jamais eu cette intention. Le deuxième alinéa donne simplement des exemples de donations indirectes, et il est surtout écrit en vue de justifier l'article 1100 qui établit des présomptions légales d'interposition. La preuve ?

1°). Bigot-Préameneu, dans l'exposé des motifs, retrace la législation romaine et celle de notre ancien droit ; il indique très nettement les emprunts faits par le Code civil à l'une et à l'autre de ces deux législations, nulle part il ne fait allusion à cette distinction.

2°). Le tribun Favart s'exprime ainsi : « Enfin il fallait prévenir les donations indirectes entre époux par personnes interposées, de la portion de biens qu'ils ne peuvent se donner. Le projet de loi les défend », — il ne dit pas : les annule, — « et le dernier article spécifie aussi clairement qu'il est possible, les cas dans lesquels les donations seront réputées faites à des personnes interposées ». Locré, tome 11. *Comment.* 16, n° 26 *in fine*. Qu'on nous permette de paraphraser ces paroles de Favart : les donations indirectes entre époux devaient nous préoccuper ; nous décidons que, pas plus indirectement que directement, les époux ne pourront dépasser la quotité disponible que nous avons établie. Comme exemple de ces donations, nous citons les donations déguisées et par personnes interposées et pour ces dernières nous vous donnons une liste de présomptions légales. Quoi de plus simple, quoi de plus logique. N'est-ce pas répondre à l'objection que l'on nous adressait de faire du deuxième alinéa de l'article 1099 un pléonasme? Peut-on, en bonne justice, reprocher au législateur une rédaction qui a le seul défaut de vouloir éviter des difficultés d'interprétation ?

On nous objecte encore : la donation indirecte n'est pas frauduleuse ? Que dirait-on d'une vente faite pour 70,000 francs par le mari à la femme, d'un immeuble qui en vaut 120,000? C'est une donation déguisée et non une donation indirecte, répondra-t-on ? Pourquoi ?

Quant à la réponse que l'on fait à l'argument que nous pouvons tirer de l'analogie entre les articles 911 et 1099 il est bien permis de ne pas la juger suffisante. On nous dit : « la qualité d'époux n'est pas susceptible de plus ou de moins » ; nous ne voyons pas comment la qualité d'enfant naturel est susceptible de plus ou de moins et nous n'avons pu saisir cette prétendue différence : et si l'on voulait être logique, il faudrait également décider que les donations simulées faites aux enfants naturels sont nulles. Mais en réalité les deux incapacités sont de même nature : ce sont des incapacités partielles c'est une question de quotité disponible : dans la mesure où ils ne peuvent pas recevoir les époux sont incapables, mais dans la mesure de la quotité disponible ils sont pleinement capables.

Les partisans de la doctrine précédente, de même que les auteurs et les arrêts qui admettent la nullité de la donation simulée adressée à un enfant naturel, ont pris comme point de départ une idée fausse : le donateur a voulu frauder la loi, il faut punir cette intention frauduleuse. La simulation est une cause de nullité. Voilà l'erreur. La simulation en elle-même n'entache nullement la donation pour que cela se produise il faut que la donation s'adresse à un incapable, mais alors la sanction n'est pas plus rigoureuse que si la donation était faite directement à cet incapable.

Le seul argument sérieux, d'après nous, c'est celui que l'on tire des expressions mêmes de la loi dans l'art. 1099. Mais, nous l'avons vu, les travaux préparatoires nous montrent clairement, que l'interprétation qui en est donnée par la doctrine que nous combattons va à l'encontre de la pensée du législateur de 1804.

Ainsi donc les donations simulées entre époux sont simplement réductibles (1). Et notre solution n'aurait-

1. Duranton, t. 9, n. 831 ; Malpel, *Sucess*. n. 266 ; Coin Delisle sur art. 1099, n. 14, Cass. 11 novembre 1834, Sir. 1834, 1, 769 ; Toulouse, 13 mai 1835, Sir 1835, 2, 392 ; Caen, 13 novembre 1847, Sir 1848, 2, 677 ; Cass. 7 février 1849, Sir 1849, 1. 165 ; Toulouse, 26 février 1861, Sir. 1861, 2. 327 ; Grenoble, 31 mars 1870, 2, 240.

elle pas pour elle la vérité juridique qu'elle se recommanderait par la simplicité de ses conséquences pratiques :

1°). Ce n'est qu'au décès du donateur que l'on pourra attaquer la donation, puisqu'à ce jour seulement il sera possible de fixer la quotité disponible.

2). Du moment qu'il ne s'agit pas de nullité, il n'y a pas à se préoccuper du caractère absolu ou relatif de cette nullité, et la donation ne pourra être attaquée que par les héritiers réservataires, que seuls intéresse la sauvegarde de la quotité disponible.

De nombreuses controverses sont ainsi supprimées. Parmi les partisans de la nullité les uns en effet soutiennent qu'il s'agit d'une nullité absolue, et que par conséquent toute personne intéressée peut l'invoquer, même les enfants nés d'un mariage subséquent (1). Mais d'autres, et la jurisprudence est en ce sens, soutiennent qu'il n'y a nullité absolue que lorsqu'il y a atteinte au principe de révocabilité de l'art. 1096. Au contraire s'il s'agit d'une simple atteinte à la quotité disponible, il n'y a plus qu'une nullité relative et seuls pourront attaquer les héritiers réservataires, l'action n'appartiendra ni au donateur ni à ses créanciers : « Si toute donation déguisée est nulle, il ne s'ensuit pas que l'action qui dérive de cette nullité appartienne à tous les ayants droits du donateur. A la vérité l'article 1099 crée une différence entre les dona-

1. Colmet de Santerre, t. 4, n. 279 *bis* ; Demolombe t. 23, n. 625 ; Rouen, 23 décembre 1871, Sir. 1872, 2, 101.

tions indirectes et les donations déguisées ; mais la juxtaposition de ces deux dispositions dans le même texte démontre avec évidence que la nullité de la libéralité déguisée ne peut profiter qu'à ceux-là seuls qui pourraient provoquer la réduction de la libéralité indirecte ». La nullité est la peine d'une fraude et l'action ne doit être donnée qu'à ceux qui ont le droit de se prévaloir de cette fraude (1).

Ainsi donc quand il s'agit de déterminer la sanction de l'art. 1099 il s'agit bien d'incapacité totale mais au contraire, si l'on veut savoir à qui appartient l'action il faut partir de l'idée qu'il y a simplement fraude à la réserve? N'y a-t-il pas là une contradiction flagrante ?

1. Troplong, t. 4, n. 2745, 2746, 2672 ; Laurent, t. 15, n. 414 ; Aubry et Rau ; t. 7. p. 259 ; Cass. 16 Avril 1850, Sir 1850, 1, 591, Cass. 2 mai 1855, Sir 1850, 1, 178 ; Cass. 25 juillet 1881, Sir 1882, 1, 49 ; Cass. 22 juillet 1884, Sir 1885, 1, 112 ; Cass. 9 mai 1891, Sir. 1893, 1, 457.

CHAPITRE IIe.

De la simulation non frauduleuse.

L'acte quoique simulé peut ne pas porter atteinte à des dispositions légales : ainsi, spécialement en matière de donations, l'acte peut être fait avec une personne pleinement capable, et échapper par conséquent à la disposition de l'article 911. Cependant ne faudrait-il pas le déclarer nul pour des motifs autres que ceux de cet article ? — C'est ce que nous allons examiner dans cette deuxième partie.

Disons immédiatement que nous admettrons la validité des donations simulées sans fraude à la loi. Nous devrons donc étudier ensuite les conséquences de cette validité.

SECTION I.

Les donations entachées de simulation non frauduleuse sont-elles valables.

L'article 911, nous venons de le voir, déclare nulles les

donations simulées quand elles s'adressent à un incapable : on doit donc en conclure, par un argument *a contrario* tout naturel, qu'elles sont valables quand elles s'adressent à une personne capable. En étudiant particulièrement chacune des deux formes de simulations, nous allons voir que c'est bien la solution que l'on doit admettre.

§ 1. *Donations faites sous le nom de personnes interposées à une personne capable.*

On admet généralement que l'interposition de personnes est licite quand elle a pour but de faire parvenir les biens objet de la donation à une personne capable. Cependant on a dit qu'en s'exprimant ainsi on confondait ce qui arrive en fait avec ce qui devrait arriver en droit : la donation est valable parce que personne ne peut agir en nullité, mais en droit elle est nulle, car vis-à-vis du donataire véritable elle n'est pas faite dans les formes voulues, et vis-à-vis de la personne interposée la cause, *l'animus donandi*, fait défaut. Nous croyons qu'il y a là un excès d'analyse, et que ce raisonnement est de plus un cercle vicieux : assurément la donation est nulle par rapport à l'interposé, pour défaut de cause ; mais dire qu'elle est aussi nulle à l'égard du destinataire pour défaut de formes, c'est revenir à la question, puisque nous recherchons précisément si la donation faite indirectement à un capable, c'est-à-dire sans formes, si cette donation est valable : suivant nous, dès lors que la cause existe, que les conditions de capacité sont observées, les formes peuvent se réaliser dans la personne d'un tiers autre que le destinataire réel. Dirait-on que la donation est nulle s'il y avait un fideicommis formel ? Pourquoi alors en serait-il autrement au cas de fideicommis tacite ?

Ces donations sont donc valables quand elles s'adressent à des personnes capables, de même quand elles s'adressent à des personnes qui ne sont plus incapables : à ce point de vue nous devons examiner les cas où l'incapacité cesse légalement et quelques extensions faites par la jurisprudence, extensions d'ailleurs fort discutables.

1°) *Cas où d'après la loi il n'y a plus incapacité :*

A) *Art. 907.* — Le tuteur n'est plus incapable de recevoir du mineur quand il est son ascendant : donc toute donation à lui faites par personnes interposées sera valable.

B) *Art. 909.* — L'incapacité des médecins chirurgiens etc., cesse dans deux cas : la même conséquence doit être admise.

a) La donation présente le caractère d'une simple disposition rémunératoire.

b) L'incapable est parent du donateur au moins au quatrième degré, au cas où il n'a pas laissé d'héritier en ligne directe, au bien si le donataire est lui-même au nombre de ces héritiers.

2). *Applications faites par la jurisprudence et les auteurs.*

A). Il y a impossibilité matérielle de transmettre la donation. — Ainsi l'incapable, donataire réel, est mort avant d'avoir accepté la donation. On dit alors qu'il n'y a plus interposition. Pour nous, on pourra toujours attaquer la donation, comme entachée d'interposition au profit d'un incapable; ce qui constitue l'interposition, c'est l'intention du donateur : or il a eu l'intention de donner à un incapable, et on ne peut nier que les personnes qui ont le droit d'attaquer la donation pourront dire à l'interposé ; ce n'est pas à vous que s'adressait la donation mais à un incapable, elle est donc nulle, même à votre égard puisque la cause fait défaut.

B). *L'incapacité du donataire réel a cessé avant son acceptation.* — Il ne faut pas assimiler cette hypothèse au cas précédent ; tout à l'heure il n'y avait pas d'incapable en ce sens qu'il n'y avait plus de donataire fidéicommissaire ; maintenant il n'y a plus d'incapable, mais le donataire fidéicommissaire existe toujours ; son incapacité seule a disparu. Nous pensons que la donation faite par personne interposée à cette personne sera valable : car pour le donataire il suffit d'être capable le jour de l'acceptation.

C). *L'incapacité n'existait pas au jour de l'acceptation de la donation par la personne interposée.* — La question s'est présentée dans deux hypothèses.

a). Un individu fait une donation à une femme qui a un enfant : une fois la donation acceptée, il reconnaît cet enfant.

b). Un individu, après avoir disposé de la quotité disponible au profit de son enfant naturel donne le reste de ses biens à une femme qui accepte la donation et reconnaît ensuite ce même enfant.

La Cour de cassation a eu à statuer dans ces deux hypothèses : or dans le 1er cas elle valida la disposition (28 mai 1878. Dal. 1878, 1.401) ; au contraire dans le second cas elle l'annula comme faite par personnes interposées (30 janvier 1883. Dal. 1883, 1.201. — 22 janvier 1884. Dal. 1884, 1.117.) Il y a évidemment une contradiction flagrante : dira-t-on que la différence de solutions s'explique par la différence de situations, que dans le premier cas il s'agit d'une reconnaissance faite par le donateur lui-même, dans le second d'une reconnaissance provenant de la personne interposée ? Nous ne le pensons pas ; cette circonstance importe peu. La doctrine juste est celle des arrêts de 1883 et 1884. Dans un cas comme dans l'autre, en effet, le moyen serait trop facile de tourner les prohibitions des articles 908 et 911 : il faut donc empêcher la fraude de se produire, et au moyen des principes on peut atteindre ce résultat. Comme son nom l'indique, une reconnaissance c'est un aveu constatant un état préexistant, elle ne donne pas à l'enfant naturel un état nouveau : elle ne fait que constater un état qu'il aurait dû avoir du jour de sa naissance, et qu'il sera considéré désormais avoir eu dès ce jour : autrement dit la reconnaissance rétroagit. On ne peut donc pas dire qu'il n'y avait au jour de la donation ni incapacité, ni par conséquent interposition, car ce serait donner à l'enfant naturel deux états, l'un pour la période antérieure à la reconnaissance, l'autre pour la période postérieure à cette même reconnaissance. — On devra donc annuler la donation comme faite à un incapable sous le nom de personne interposée.

§ 2. — *Donation déguisée sous la forme d'un contrat onéreux conclu avec une personne capable.*

Si l'on s'en tient à l'argument *a contrario* qu'on peut tirer de l'article 911, on est amené à dire que la donation déguisée faite à une personne capable, est valable ; et la vraisemblance de cette conclusion s'augmente de cette considération qu'on ne voit pas tout d'abord en vertu de quels principes on devrait annuler un tel contrat. *Plus valet quod agitur quam quod simulate concipitur* : le contrat a une cause, c'est une cause simulée, mais elle est suffisante. Et cependant il existe un sérieux motif d'annulation : la donation déguisée sous le contrat onéreux n'est pas faite suivant les formes prescrites par les articles 931 et suivants : et ces formalités sont prescrites à peine de nullité.

Mais précisément le législateur n'a-t-il pas voulu dispenser ces donations des formes ordinaires ? Voilà toute la question et il est utile de la poser dans ces termes.

La question est aujourd'hui définitivement tranchée, mais en ce sens qu'elle a donné le jour à deux opinions extrêmes, bien arrêtées, qui ne veulent ni l'une ni l'autre faire aucune concession. La doctrine soutient la nullité, la jurisprudence admet la validité de ces donations. Une telle division est assurément regrettable. Mais personne ne veut céder, et nous avons entendu dire qu'il suffisait aujourd'hui de citer cette controverse, que seule une disposition législative pourra faire cesser.

Nous adoptons, sans réserves, la théorie de la jurisprudence, nous nous contenterons donc de l'exposer en répondant en même temps aux objections soulevées par la doctrine.

La question a été résolue pour la première fois par la Cour de cassation, dans un arrêt du 13 vendémiaire an XI et non dans un arrêt du 22 vendémiaire an X qui prévoit simplement le cas d'une vente moyennant un prix indéterminé. Il fut suivi d'un autre arrêt des 7 nivôse et 6 pluviôse an XI (Sir., an XI, 1, 201), qui contient, sur cette question, le meilleur exposé historique que l'on puisse désirer. Nous ne devons pas passer sous silence quelques arrêts contraires de la chambre des requêtes, notamment un du 7 Brumaire an XIII qui était suivi le lendemain d'un arrêt où la chambre civile confirmait sa doctrine. La division entre les deux chambres de la Cour de cassation fut d'ailleurs de courte durée et la chambre des requêtes se rangea très vite à la jurisprudence de la chambre civile qui depuis n'a jamais varié, pas même dans un arrêt du 14 novembre 1816 (Dal. 1817, 1, 78), qui s'occupe plutôt d'un cas de nullité du partage d'ascendants pour inobservation de l'article 1078.

On a essayé de soulever à nouveau la controverse à propos de l'interprétation à donner à la loi du 21 juin 1843 qui, comme on le sait, édictait des formalités spéciales en matière de donations : mais la Cour de cassation a eu vite raison de ces tentatives et elle a simplement répondu : « attendu que rien dans le texte de la loi du 21 juin 1843 comme dans les discussions qui l'ont préparée ne fait apparaître que le législateur ait voulu porter atteinte à la faculté des donations indirectes et déroger aux conditions de l'exercice de cette faculté, et que si l'article 2 de ladite loi a exigé qu'à l'avenir les donations entre vifs fussent à peine de nullité reçues conjointement par deux notaires, ou par un notaire en présence de deux témoins, la prescription de cet article comme celle de l'article 931 C. c., ne sont applicables qu'aux donations faites par la voie directe ». La théorie est donc bien établie(1). Quels sont les arguments que l'on peut invoquer en sa faveur? Ils sont de trois ordres : des arguments de tradition, des arguments de raison, et enfin des arguments de textes.

I). *Arguments de tradition.*

Nous ne reviendrons que très brièvement sur ces arguments déjà indiqués par notre historique. Nous avons cité de nombreux fragments du Digeste et du Code auxquels il est difficile de donner un autre sens. Cependant on a prétendu que c'était en vain que nous rechercherions dans le droit romain l'origine de la théorie de la jurisprudence : les textes que nous invoquons ne prouvent qu'une chose c'est que les Romains ne voyaient pas

1. Cass. 25 juillet 1876, Sir. 1878, 1, 291 ; Cass. 6 fév. 1848, S. 1849, 1. 170.

dans le déguisement une cause de nullité ; mais il ne faut pas en conclure qu'ils en ont fait une cause de validité. On entend sans doute prouver ainsi que le déguisement ne suffit pas pour justifier l'absence de formes. Ce raisonnement est peut être très concluant : mais nous n'avons pas réussi à le comprendre : de deux choses l'une : ou la donation est nulle ou elle ne l'est pas : si pour les Romains elle n'est pas nulle, c'est qu'elle est valable et par conséquent nous avons le droit de dire que le Code civil n'a fait que suivre la tradition romaine en admettant la validité des donations déguisées.

Il a également continué la tradition de notre ancien droit : avant 1731 on appliquait les principes du droit romain ; d'après le témoignage de nos anciens auteurs l'ordonnance de 1731 n'a apporté aucun changement à cette doctrine, puisqu'elle ne s'occupait que des donations expresses.

II). *Arguments de raison.*

La formule de cet argument est donnée par la jurisprudence sous la forme suivante : on peut faire indirectement ce que l'on peut faire directement (1), la simulation n'est pas une cause de nullité, lorsqu'elle n'a pas pour but de frauder la loi.

Mais alors on a répondu : sans doute la simulation n'est pas en elle-même une cause de nullité, mais on ne doit pas en conclure qu'elle est une cause de validité : sans

1. Cass. 11 juillet 1888. D. 1889, 1, 480 ; Cass. 29 mai 1889, D. 1889, 1, 369.

doute on peut faire indirectement ce qu'il est permis de faire directement mais encore à la condition de ne pas se servir de la simulation comme d'un moyen de fraude ; or, précisément on a eu pour but de frauder la loi en tant qu'elle établit des formalités spéciales en matière de donations. Pourquoi le législateur, après avoir établi des formalités rigoureuses, sérieusement motivées, aurait-il ensuite permis les donations déguisées susceptibles de rendre inutile ce système de protection ? Et enfin celui qui déguise sa pensée ne doit-il pas être présumé avoir eu de mauvaises intentions ?

Ces diverses raisons ne nous touchent guère : d'abord le raisonnement en lui-même contient un cercle vicieux : dire en effet que l'on doit annuler les donations déguisées parce que sinon on permettrait d'éluder des dispositions impératives, des formalités, c'est dire que les donations déguisées ne sont pas valables parce qu'elles ne sont pas valables. Car qu'est-ce qu'une donation déguisée sinon une donation dépourvue des formes ordinaires de la donation, Ce que nous recherchons précisément, c'est la pensée du législateur en cette matière : n'a-t-il pas voulu permettre de se dérober aux formes rigoureuses des donations, en admettant la validité des donations déguisées. On voit aussi l'intérêt qu'il y a pour la question dans les termes où nous l'avons posée : nous retrouverons encore sous une autre forme cette argumentation de la doctrine : nous y répondrons de la même façon.

Quant à dire que celui qui déguise une donation, alors qu'il pourrait la faire d'une façon ostensible, doit être présumé avoir de mauvaises intentions, nous trouvons que c'est un peu absolu : le donateur peut avoir voulu éviter des discussions. Et d'ailleurs il est permis de prouver la fraude,mais encore faut-il que la loi nous dise qu'il y a fraude : or elle nous le dit : il y a fraude quand la donation s'adresse à un incapable (article 911) ou quand elle excède la quotité disponible entre époux (article 1099).

III). *Arguments de textes.*

1°) Articles 911 et 1099.

Nous l'avons déjà dit : ce sont des arguments *a contrario* que la jurisprudence tire de ces deux articles. (Cass. 16 août 1853. Dal. 1854. 1. 390). Puisque la loi annule la donation déguisée quand elle est faite à un incapable, c'est qu'elle la reconnait valable quand elle s'adresse à une personne capable.

On a répondu : un argument *a contrario* n'est d'aucune valeur s'il ne ramène pas au droit commun : or en matière de donations le droit commun c'est l'exigence de formalités particulières : la donation est nulle sans l'accomplissement de ces formalités. Les articles 931 et suivants n'ont pas entendu laisser une liberté quelconque aux donateurs : il eût été puéril de la part du législateur d'organiser tout un système de protection, pour dire ensuite : ces formalités, vous n'en userez que si vous le voulez bien : si elles vous gênent vous n'aurez qu'à déguiser la donation sous la forme d'un contrat à titre onéreux. N'y a-t-il pas l'article 893 qui dit formellement « qu'on ne pourra disposer de ses biens que dans les formes établies par la loi ? » La donation sous forme de vente ne saurait valoir comme vente, car la condition essentielle de la vente, le paiement du prix, fait absolument défaut : elle ne vaut pas davantage comme donation, car les formalités exigées par la loi ne sont pas observées.

Nous avouons que cette manière de réfuter l'argument tiré de l'article 911 est très séduisante, à un tel point qu'on pourrait se demander comment une opinion contraire a pu se faire jour. Et cependant nous croyons qu'elle a plus d'apparence que de vérité. C'est toujours au fond la même argumentation, et nous répondons encore une fois que c'est trancher la question par la question. On nous dit en effet qu'un argument *a contrario* n'a de valeur qu'autant qu'il ramène au droit commun : nous répondons qu'il s'agit précisément de savoir quel est le droit commun en matière de donation, de savoir si le législateur n'a pas voulu permettre de faire des donations en utilisant d'autres formes. Oui, nous reconnaissons que l'acte ne peut valoir comme vente puisqu'il n'y a pas paiement du prix : mais nous n'allons pas plus loin et nous ne disons pas qu'il ne vaut pas comme donation en raison de l'absence des formalités : car encore une fois cela revient à dire : la donation indirecte est nulle, parce qu'elle est indirecte.

Nous le répétons : la véritable question est de savoir si

le législateur n'a pas voulu se départir de son formalisme rigoureux en permettant les donations déguisées : qu'y aurait-il d'étonnant puisqu'il continuait simplement la tradition ? De plus si la donation est nulle même quand elle est faite à une personne capable, pourquoi l'article 911 ? quelle est son utilité ? Etablir une double nullité ? Mais alors on a répondu : le premier alinéa de l'article 911 n'a été écrit que pour amener le second. Nous le voulons bien pour ce qui est de l'interposition des personnes : mais pour le déguisement ? le législateur n'a pas voulu établir des présomptions légales de déguisement ?

2°) Article 853.

Cet article dispense du rapport les « profits que l'héritier a pu retirer des conventions passées avec le défunt, si ces conventions ne présentaient aucun avantage indirect lorsqu'elles ont été faites ». Donc, dit la jurisprudence, quand elles présentent des avantages indirects, et c'est le cas des donations déguisées, elles ne sont pas nulles, mais simplement rapportables. La doctrine répond : il ne faut pas confondre la donation déguisée avec la donation indirecte : il ne s'agit dans l'article 853 que d'une donation indirecte.

Nous écartons cet argument tiré par la jurisprudence de l'article 853, d'autant plus que lorsqu'elle admettait la dispense implicite de rapport, résultant du déguisement, elle se mettait en contradiction avec elle. Il s'agit bien de donations indirectes, mais au sens strict du mot, et nous avons essayé plus haut d'établir la distinction que l'on doit faire entre les donations déguisées et les donations indirectes (1). Mais si l'argument ne peut servir en faveur de la jurisprudence, il ne peut pas non plus être retourné contre elle, puisqu'il ne s'agit pas dans cet article des donations déguisées.

3°) Article 918.

Cet article contient deux dispositions bien distinctes : d'abord il présume donations déguisées, certaines opérations affectant la forme de contrats à titre onéreux : en second lieu il décide qu'on les imputera sur la quotité disponible, et qu'elles ne seront sujettes à rapport que pour l'excédent. Donc il fait produire des effets à ces donations déguisées : comment peut-on soutenir qu'elles sont nulles? Suivant nous, cet argument est inattaquable et cependant on a essayé de le renverser, voici comment : le législateur pour protéger la réserve et l'égalité entre héritiers a organisé la réduction : mais la réduction ne s'applique qu'aux donations proprement dites : or il avait à craindre que par des moyens détournés on arrivât à éviter cette obligation de la réduction : ainsi en déguisant la donation sous la forme de contrat à titre onéreux où l'équivalent consiste dans une prestation spéciale, le législateur ne veut pas croire qu'un tel acte soit un acte réellement onéreux : il décide que ce n'est qu'une donation et la déclare réductible mais non rapportable : il établit par conséquent une présomption légale qui, en

1. V. page 76..

vertu de l'article 1350 C. c., ne peut être étendue à d'autres hypothèses. Nous sommes du même avis : l'article 918 établit une présomption légale, et les présomptions légales sont de droit étroit. Mais on se méprend sur le point de savoir en quoi consiste cette présomption légale : or elle ne consiste pas à dire que les donations déguisées sont valables, mais bien que tel contrat se présentant sous telle ou telle forme sera considéré comme une donation déguisée, sans qu'on puisse prouver le contraire. Mais la présomption ne va pas plus loin : et par conséquent, de ce que le législateur fait produire des effets à ces donations qu'il présume déguisées, nous sommes autorisé à conclure qu'il reconnaît la validité des donations déguisées.

Tous les ouvrages qui se sont occupés de cette controverse, après avoir essayé de réfuter la théorie de la jurisprudence, recherchent les raisons qui ont pu amener cette théorie. On voit dans cette jurisprudence « une réaction contre une législation qui multiplie les entraves et les formes pour empêcher les donations, alors que cependant elles sont permises : la solennité répugne aux mœurs modernes. » Le malheur est que ces mœurs modernes sont celles d'une longue suite de siècles et qu'au lendemain du Code la théorie de la jurisprudence était la même qu'aujourd'hui.

Ainsi donc, conformément à la tradition, conformément aux articles 911 et 1099 et 918 dont on peut tirer des arguments irréfutables, nous décidons avec la jurisprudence que les donations diguisées faites à des personnes capables, sont valables.

Nombreuses sont les applications faites par la jurisprudence de sa théorie, et nous croyons inutile de reproduire ici une liste dressée par tous les ouvrages, et qui ne prouverait d'ailleurs qu'une chose c'est que la jurisprudence n'a jamais varié. Nous voulons toutefois en citer une, des plus curieuses, faite dans ces dernières années par la Cour de Paris, (23 juin 1884. Dal. 1885, 2, 248). Un père fait abandon à sa fille du capital d'une pension alimentaire, moyennant quoi la fille renonce à réclamer postérieurement toute pension alimentaire : or la jurisprudence admet qu'une telle renonciation est nulle comme contraire à l'ordre public (Bordeaux 26 juillet 1855. Dal. 1859, 5, 24). Mais sous cet abandon la Cour de Paris a voulu voir une donation déguisée et lui appliquant les règles des donations a décidé qu'elle était valable, la clause de renonciation dite d'ordre public étant d'après l'article 900 réputée non écrite.

Ces diverses applications ont soulevé l'indignation d'éminents auteurs et ils se sont vivement récriés. M. Laurent notamment donne deux exemples :

Par un acte sous seing privé une personne donne à un mineur une certaine somme : le tribunal déclare la donation nulle.

Une mère se fait constituer par son futur gendre et par sa propre fille, une rente de 12000 francs, par un acte sous seing privé : l'acte est déclaré nul comme ne présentant aucun des éléments des contrats à titre onéreux.

Ainsi, dit M. Laurent, « l'acte était nul parce que le signataire n'avait pas trouvé bon de le simuler : s'il avait dit qu'il était débiteur n'importe pour quelle créance mensongère, la donation eût été valable : avouons que c'est là une singulière leçon de moralité légale... nous demandons encore une fois si cela est rationnel : l'acte sera nul si les contractants disent la vérité et il sera valable s'ils le couvrent d'un mensonge quelconque ». Qu'en fait ce soit bien la conséquence de la théorie de la jurisprudence, nous ne voulons pas en disconvenir : mais nous protestons contre le reproche d'inconséquence qu'on lui adresse : la jurisprudence ne fait au contraire qu'appliquer logiquement et rigoureusement sa théorie. Pour nous il n'y a aucune inconséquence à dire : si vous voulez observer la vérité des choses, conformez-vous aux formalités spéciales qui sont exigées pour l'acte que vous voulez faire : si au contraire vous voulez échapper à ces formalités que vous jugez trop rigoureuses, le législateur veut bien vous le permettre, mais à la condition que vous vous servirez des formes d'un autre contrat : mais nous, tribunaux, fidèles interprètes de la volonté du législateur, dès lors que l'acte que vous avez fait se présente à nos yeux sous l'aspect d'une donation directe, nous sommes obligés de lui appliquer toutes les règles établies en matière de donations.

Nous avons encore entendu protester contre une décision de la jurisprudence annulant une donation déguisée sous forme de vente, pour ce motif que le prix était inférieur aux cinq douzièmes de la chose (cours professé à la Faculté de Lyon par M. Caillemer). Tout récemment, la Cour de cassation a confirmé un arrêt de la cour de Limoges annulant une donation déguisée sous forme de vente où le prix était une rente viagère inférieure aux revenus donnés par l'immeuble aliéné (Cass. 26 avril 1893, 1, 359). Ce ne sont que des conséquences logiques du système de la jurisprudence : il faut en effet, pour que la donation déguisée soit valable, que toutes les formalités de la vente soient observées, notamment qu'il y ait stipulation d'un prix et d'un prix sérieux : donc si le prix n'est pas stipulé, ou bien qu'il soit inférieur aux cinq douzièmes de la chose, la libéralité apparaît trop facilement : il faut donc la considérer comme une véritable donation, et lui appliquer toutes les règles des donations, même les règles de formes. Nous ne saurions d'ailleurs mieux faire que de reproduire un des attendus de l'arrêt que nous venons de citer : il est d'une clarté remarquable : « Attendu que l'arrêt attaqué déclare que la rente viagère stipulée comme prix de l'acte de prétendue vente est inférieure soit à l'intérêt du capital fixé dans cet acte même comme représentant la valeur de l'immeuble, soit aux revenus donnés par cet immeuble : qu'en décidant par suite qu'il n'y a ni vente faute de prix réel, ni donation déguisée sous la forme d'un contrat à titre onéreux parce que la libéralité pure apparaît sans aucun voile au premier examen, la cour d'appel a tiré une juste conséquence des faits qu'elle a souverainement appréciés et qu'elle n'a violé ni les articles de la loi, ni les principes de droit susvisés ; Par ces motifs, rejette... »

La théorie de la jurisprudence est donc des mieux établies et nous l'approuvons autant dans ses principes que dans ses applications. Ajoutons pour terminer que la Cour de cassation considère la question comme une question de fait, de l'appréciation des premiers juges, et qu'elle casse impitoyablement les décisions qui annulent les donations déguisées. Cass. 29 mai 1889, Dal. 1889, 1, 369 ; Cass. belge, 2 juin 1887, Dal. 1888, 1, 239.

Section II.

Conséquences de la validité des donations simulées faites à des personnes capables.

Le principe, d'où vont découler toutes ces conséquences, c'est que les donations simulées sont simplement dispensées des formes ordinaires des donations, mais quant au fond ce sont de véritables donations.

§ 1. *Conséquences quant aux formes.*

Disons immédiatement que la question n'est pas intéressante quand il s'agit de donations faites sous le nom de personnes interposées. Sans doute il y a dispense de formes mais en ce sens que ces formes se réalisent à l'égard d'une autre personne que le donataire réel. Mais la personne interposée pour transmettre la libéralité sera bien obligée de respecter toutes les formalités, à moins qu'elle n'ait recours au déguisement. L'hypothèse d'une donation faite par personne interposée à un individu capable est peu pratique, à moins cependant que le donateur ait voulu ne pas éveiller de jalousies, et éviter des discussions de famille.

Occupons-nous donc exclusivement des donations déguisées.

I). *Elles sont dispensées des formes ordinaires des donations.*

D'où :

1°) Pas d'acte authentique.

2°) Pas d'état estimatif.

3°) Pas d'acceptation expresse.

Cela se comprend puisqu'il y a une acceptation tacite résultant du consentement donné à l'acte. Et ainsi nous répondons à une objection qu'on pourrait faire à notre théorie sur le caractère de la nullité qui frappe la donation déguisée adressée à la femme : nous avons admis que c'était une nullité absolue : mais cela semble en contradiction directe avec cette idée qu'il n'est pas nécessaire qu'une acceptation expresse soit donnée : du moment qu'il s'agit d'un simple consentement à un acte à titre onéreux, il suffit de l'autorisation maritale nécessaire pour ce consentement : il y aura donc une simple nullité relative. On ne peut raisonner ainsi, car au fond il s'agit bien d'une acceptation, mais d'une acceptation tacite contenue dans l'acte.

4°) *Quid* de la transcription.

Les opinions sont divisées : les uns veulent que les donations soient transcrites même si elles sont déguisées : Coin Delisle (1) pense que c'est bien suffisant qu'elles soient déclarées valables par la jurisprudence : — les autres soutiennent qu'elles doivent être transcrites, mais en tant que ventes, par conséquent depuis la loi de 1855 seulement (2).

Suivant nous la question de transcription n'est pas une simple question de formes : on entend par formes proprement dites, celles qui sont exigées pour qu'un contrat soit valable entre les parties. Mais la transcription est une forme spéciale exigée dans l'intérêt des tiers : c'est une vraie condition de fond. N'étant pas une condition de forme elle doit être exigée même pour les donations déguisées. Ces donations seront donc transcrites en leur qualité de donation, par application de l'article 939. De là nous déduisons deux conséquences :

a) Même avant la loi de 1855 les donations déguisées étaient soumises à la transcription.

b) Les créanciers chirographaires, qui n'ont pas de droits sur l'immeuble, pourront se prévaloir du défaut de transcription.

1. Coin Delisle ; *Donations et testaments*, page 226, n. 17.
2. Aubry et Rau, t. 7, § 704, page 383, note 3.

II. Elles doivent remplir toutes les conditions de forme du contrat à titre onéreux, sous lequel elles sont déguisées (1).

Ainsi si elles sont déguisées sous forme de vente, le consentement suffira puisque la vente se forme *solo consensu*. Il ne faudra pas accomplir la formalité des doubles de l'article 1325 qui est exigée *ad probationem* et non pas *ad solemnitatem*. Mais il faudra qu'il y ait stipulation d'un prix, et d'un prix sérieux. (Cass., 26 avril 1893, Dal. 1893, 1, 359).

Certaines choses ne peuvent être transférées que suivant des formalités spéciales : nous voulons parler des meubles incorporels. Ces formalités devront sans aucun doute être respectées : ainsi pour les créances un simple endos ne saurait suffire : on devra se conformer aux prescriptions de l'article 1690. Au contraire, pour les billets à ordre (2), les lettres de change, le transfert pourra être opéré au moyen d'un simple endossement qui devra contenir la mention de la valeur fournie, mention qui sera d'ailleurs simulée.

§ 2. — *Conséquences quant au fond.*

L'acte doit remplir toutes les conditions de fond de la donation, et il en produira aussi tous les effets.

1. *Consentement.*

Les consentements doivent concourir, non pas en vue

1. Cass. 11 juillet 1888, S. 88, 1, 409 ; Cass. 11 février, 1896, 1 . 6.p9
2. Cass. 29 décembre 1890, S. 1894, 1, 442.

d'acquérir à titre onéreux, mais en vue d'acquérir à titre gratuit.

II. *Objet.*

On appliquera la théorie générale relative à l'objet des obligations.

III. *Capacité.*

Il faudra remplir les conditions de capacité exigées en matière de donations, l'article 911 en est la preuve.

IV. *Cause.*

Suivant M. Laurent, les difficultés qui surgissent sur la théorie de la cause en matière de donations ne peuvent se présenter quand il s'agit de donations déguisées, car pour que la donation soit valable il faut qu'elle réunisse toutes les conditions prescrites par la loi, conditions sans lesquelles le contrat n'existe point. Or la cause dans la théorie du Code, est requise pour l'existence du contrat. Si donc il n'y a pas de cause ou si la cause, est illicite le contrat ne peut produire d'effet (1).

Et comme exemple M. Laurent cite un arrêt de la Cour de Besançon : 19 mars 1862, Dal. 1862, 2, 58 ; il s'agissait d'un billet souscrit en ces termes : « Je reconnais devoir valeur fournie à titre de reconnaissance » ; l'auteur que nous citons prétend que la Cour de Besançon annule le billet, car il n'y a pas donation déguisée pour ce motif « que l'acte vicié dans son essence même et entaché d'une nullité tenant à l'ordre public et aux bon-

1. Montpellier 23 février 1885, Sous Cassat. 23 juin 1887, Sir. 1887, 1, 361.

nes mœurs ne saurait produire aucun effet ». Nous nous sommes reporté à la référence et nous avons remarqué : d'abord que la Cour de Besançon loin d'annuler le billet, le déclare valable comme contenant une cause suffisante : « valeur fournie en reconnaissance ». C'est la Cour de cassation qui casse l'arrêt de la Cour de Besançon et annule le billet comme ayant une cause illicite, des relations de concubinage. De plus les motifs pour lesquels la Cour de Besançon déclare qu'il n'y a pas donation déguisée, ne sont pas ceux qui sont indiquées par M. Laurent : « Attendu que le souscripteur du billet était célibataire et majeur, ne laissant aucun héritier à réserve, et qu'il pouvait librement disposer de sa fortune : qu'il n'y a dès lors aucun motif de penser qu'il ait voulu mettre un déguisement dans l'acte souscrit au profit de la demanderesse..... par ces motifs déclare le billet valable ».

Si nous avions eu à juger dans cette espèce nous aurions décidé que le billet était valable comme contenant une donation déguisée ; sans qu'on puisse mettre en question la cause illicite (1). Dans une donation déguisée, en effet, la cause est simulée : il faut rechercher la véritable cause qui doit présenter les caractères légaux de la cause valable : dans une donation déguisé la cause véritable de l'obligation c'est l'*animus donandi*, l'esprit de libéralité : et nous ne pouvons concevoir un esprit de libéralité licite ou illicite ou contraire aux bonnes mœurs, à moins

1 Huc. t. 6, n. 94.

toutefois de dire avec M. Laurent que dans la donation la cause c'est le sentiment de faire le bien, mais un bon sentiment : de sorte qu'on devrait examiner si le sentiment est bon ou mauvais. C'est, je crois, en matière de donations, confondre la cause avec le motif. Peut-être au fond est-ce la vraie théorie.

V. *Irrévocabilité.*

Les donations simulées sont révocables comme les donations ordinaires pour les seuls motifs prévus par la loi.

VI. *Donner et retenir ne vaut.*

Les donations simulées n'échappent pas non plus à cette règle : ainsi une donation déguisée ne pourra porter sur des biens à venir (1).

VII. *Réductibilité.*

La donation simulée sera réductible quand elle excèdera la quotité disponible. Cependant il a été soutenu que les donations simulées en fraude de la réserve étaient nulles pour le tout. Cette opinion repose sur cette idée fausse que nous avons relevée à deux reprises, à savoir que la simulation est par elle-même une cause de nullité : la simulation n'aggrave en rien la sanction : et la sanction doit être la même que pour les donations faites directement : elles sont donc simplement réductibles (2).

1. Cass. 20 novembre 1826, D. 1827, 1, 60 ; Cass. 14 nov. 1843. D. 1844, 1, 38.

2. Aubry et Rau, t. 7, p. 184 ; Laurent, t. 12, n. 325 ; Demolombe, t. 20, n. 112 ; Cass. 13 décembre 1859, Sir. 1860, 1, 624 ; Cass. 6 janvier 1862, Sir. 1862, 1, 119.

VIII. *Rapport.*

Nous touchons ici à la question la plus intéressante en matière de donations simulées. Sont-elles soumises au rapport, ou bien au contraire doit-on voir dans le fait de la simulation une dispense tacite de rapport? Qu'il s'agisse de donations faites sous la forme de contrats à titre onéreux ou de donations faites sous le nom de personnes interposées, la question est encore très vivement discutée.

1° Donations par personnes interposées.

A) Dans un premier système (1), on soutient que l'interposition des personnes implique une dispense de rapport. Les articles 847, 848 et 849 établissent une présomption de dispense de rapport, quand la personne interposée est le fils, le père ou l'époux du successible gratifié : cette présomption doit s'étendre à tous les cas où il sera prouvé en fait qu'il y a interposition car la seule différence qui sépare cette hypothèse de la précédente, c'est que dans celle-ci l'interposition est plus facilement présumable que dans la première. La volonté de donner par préciput et hors part est présumée de droit toutes les fois que les donations ne sont pas faites à la personne même de l'héritier, à moins que le donateur n'ait exprimé une volonté contraire : car sa volonté est toujours la règle qu'on doit suivre lorsqu'elle n'est pas contraire à la disposition de la loi. Or il est évident que le donateur n'a pas voulu soumettre à l'obligation du rapport son hé-

1. Aubry et Rau, t. 6, § 631, p. 621 ; Marcadé sur l'art. 847, n. 1.

ritier pour un don qu'il ne lui a pas adressé personnellement. Cette opinion est, dit-on conforme à l'intention du législateur, car Treilhad dans l'exposé des motifs nous dit : « Les donations qui n'auront pas été faites à la personne « même de l'héritier seront toujours réputées faites par « préciput à moins que le donateur n'ait exprimé une « volonté contraire ».

B) *Ces donations sont sujettes à rapport.*

Nous ne pouvons adopter la théorie précédente. Quand on tire argument des travaux préparatoires, on devrait les citer en entier. Or voici réellement ce que dit Treilhard : « De nombreuses difficultés s'élevaient autrefois sur les questions si un fils devait rapporter ce qui avait été donné à son père, un père ce qui avait été donné à son fils, un époux ce qui avait été donné à l'autre époux, mais la source de ces contestations est heureusement tarie. » Suit le passage invoqué par l'autre opinion. Locré tome X, Comment. 9, n° 33 *in fine*. Il nous semble que Treilhard ne fait précisément allusion qu'aux cas qui sont prévus par les articles 847, 848, 849.

On a essayé de réfuter cette opinion en disant qu'elle repose sur une fausse interprétation des articles 847, 848 et 849. Ces dispositions signifieraient simplement que le successible n'est pas obligé de rapporter ce qui ne lui a pas été donné à lui-même ; il n'y a pas du tout d'interposition : pourquoi le fils rapporterait-il ce qui a été donné à son père ? La condition essentielle du rapport c'est d'avoir reçu quelque chose qui puisse faire l'objet du rapport mais le fils n'a rien reçu ? — Nous pourrions répondre d'abord que si tel est réellement le sens des articles invoqués, ils étaient parfaitement inutiles, car la solution qu'ils donnent découlerait déjà des principes généraux. Mais nous croyons que pareille thèse est insoutenable car elle est absolument contraire aux travaux préparataires. Dans les passages que nous avons cités en effet, l'on a pu remarquer que Treilhard dit que les donations qui n'auront pas été faites à la personne même de l'héritier « Seront réputées faites par préciput ». Préciput évidemment en faveur du successible : mais alors il faut que la donation lui profite : comment en serait-il ainsi s'il n'y avait pas interposition de personnes ?

C'est pour un tout autre motif que nous repoussons la théorie précédente : le principe du rapport est posé par l'article 843 : un successible doit rapporter tout ce que son auteur lui a donné directement ou indirectement. Voilà la règle reste à savoir si le législateur n'y a pas dérogé ; il l'a fait dans trois cas prévus par les articles 847, 848, 849. Mais ce faisant il a créé une double présomption : présomption d'interposition et présomption de dispense de rapport : c'est une présomption légale et les présomptions légales sont de droit étroit.

2° Donations déguisées.

La controverse est encore plus sérieuse en cette matière, et nous n'avons pas moins de quatre systèmes à signaler.

1er Système. — La Cour de cassation (1) soutient que le fait du déguisement n'est pas par lui seul une cause de dispense de rapport, la dispense de rapport doit émaner de la volonté du donateur, et les circonstances du déguisement pourront peut-être amener à croire que cette volonté était telle. C'est donc une question d'interprétation dont l'examen appartient au juge du fait.

Cette doctrine étant la plus prudente, serait la meilleure, si les recherches d'intention n'étaient pas toujours très délicates. Mais encore faudrait-il qu'elle reposât sur un fondement juridique sérieux et nous ne croyons pas qu'un seul texte autorise une telle intérprétation.

2e Système. — Delvincourt, Grenier, Merlin, Duranton, Demolombe (2), prétendent que les donations déguisées sont soumises à l'obligation du rapport. Ils interprètent rigoureusement l'article 843 dont les termes sont aussi généraux que possible et qui est d'ailleurs confirmé par l'article 853 : en vertu de ce dernier article les avantages indirects résultant du contrat lui-même sont soumis au rapport : il s'agit bien des donations déguisées. Quant à l'article 918 que l'on invoque en faveur de la négative, il prévoit des cas exceptionnels, il crée des présomptions légales qui ne peuvent être étendues.

1. Cass. 10 novembre 1852, Sir. 1853, 1, 289 ; Cass. 18 Août 1862, Sir. 1863, 1, 265 ; Bordeaux 18 décembre 1883, *Journal des arrêts de Bordeaux* t. 59, p. 295 ; Cass. 4 novembre 1885, Sir. 1888, 1, 455 ; Demante t. 3, n.

2. Delvincourt, Cours de Code civil t. 2, p. 121 ; Grenier, *Donations*, t. 2, 513, 518, 519 ; Merlin, *Question*, v° *Donations*, § 5, n. 3 ; Duranton, t. 7, 326 à 331 ; Demolombe, t. 16, n. 253.

3e Système. — MM. Aubry et Rau (1) pensént au contraire que le fait seul du déguisement implique dispense de rapport. Suivant eux, on doit écarter de la discussion les articles 853 et 918, car « ils parlent évidemment d'a-« vantages indirects faits d'une manière patente ». Le véritable motif sur lequel ils fondent leur solution, c'est que la simulation n'est un vice de l'acte qu'autant qu'elle fait fraude ou à la loi, ou au droit des tiers, ou à l'intention réelle des parties ; il ne saurait être question des deux premiers cas, et il n'y a pas davantage fraude à l'intention des parties puisque le donateur eût pu faire expressément ce qu'il a fait tacitement.

4e Système. — Avec Toullier et de nombreux arrêts des cours d'appel (2), nous adoptons en principe la solution de MM. Aubry et Rau, mais pour des motifs tout différents.

Comme lui nous écartons de la discussion l'article 853, mais nous retenons l'article 918 qui nous fournit au contraire un sérieux argument. Nous ne jugeons pas non plus leur argumentation suffisante : car dire que la simulation n'est pas en elle-même un vice du contrat, et que la règle *plus valet quod agitur quam quod simulate concipitur* ne s'applique que s'il y a fraude, ce n'est pas répondre à l'objection tirée de l'article 843 dont les termes sont aussi clairs et aussi genéraux que possible : d'autant plus que

1. Aubry et Rau, t. 6 p. 643, note.

2. Toullier, t. 4, 474 ; Lyon, 22 juin 1825, D. 1826, 2, 128 ; Toulouse, 7 juillet 1829, D. 1830, 2, 142 ; Paris 8 février 1837, 2, 219 ; Bordeaux, 27 avril 1839, S. 1839, 2, 464 ; Lyon, 24 juin 1859, Sir. 1860, 2, 17 ; Poitiers, 3 décembre 1853. D. 1863, 2, 136.

l'on pourrait très bien soutenir qu'en déguisant la donation, le donateur a fait fraude à la loi au point de vue du rapport.

Nous avons eu déjà l'occasion de nous expliquer sur le sens de l'expression « avantages indirects » et nous avons vu que la loi a en vue les avantages résultant d'une façon ostensible de certaines conventions qui ne sont pas des donations pour le tout : ainsi nous écartons l'article 853 qui ne fait nullement allusion aux avantages résultant des donations déguisées. Nous ne nous trouvons donc plus en présence que de l'article 843, et nous l'avons dit, l'expression « donner indirectement » est compréhensive. Nul doute que le législateur ait voulu dans cet article poser le principe du rapport, mais reste à savoir s'il n'a pas apporté des exceptions à la théorie générale qu'il donnait dans l'article 843.

Eh bien, nous rencontrons une première dérogation dans les articles 847, 848 et 849, en matière d'interposition : mais ce sont là des textes de droit étroit, établissant des présomptions légales de dispense de rapport, qui par conséquent doivent s'interpréter restrictivement. Mais nous trouvons ensuite l'article 918, qui, lui, parle bien de donations déguisées : or, dans cet article, il s'agit d'une théorie générale, de principes de droit commun, car, comme nous l'avons dit à un autre endroit de cette étude (1), l'article 918 édicte une présomption légale de déguisement et non une présomption légale de dispense

1. V. page 92.

de rapport ; à ce dernier point de vue la solution qu'il nous donne peut parfaitement être étendue aux donations déguisées en général.

Et si l'on nous demandait une nomenclature générale des donations soumises à rapport nous dirions :

Sont soumises au rapport :

1° Les donations directes ;

2° Les donations indirectes proprement dites ;

3° Les donations par personnes interposées.

Sont au contraire dispensées du rapport :

1° Les donations déguisées ;

2° Les donations par personnes interposées des articles 847, 848, 849.

Vu :
Le Président de la Thèse,
AD. AUDIBERT.

Vu :
Le Doyen de la Faculté,
E. CAILLEMER.

Vu et permis d'imprimer :
Le Recteur de l'Académie de Lyon.
G. COMPAYRÉ.

TABLE DES MATIÈRES

DROIT ROMAIN

De l'Action pecuniæ constitutæ.

CHAPITRE II

FORMULE DE L'ACTION PECUNIÆ CONSTITUTÆ.

CHAPITRE III

Appendice I.

Appendice II.

DROIT FRANÇAIS

CHAPITRE PREMIER

CHAPITRE II

Laval. — Imprimerie et Stéréotypie E. JAMIN, 8, rue Ricordaine.

www.ingramcontent.com/pod-product-compliance
Ingram Content Group UK Ltd.
Pitfield, Milton Keynes, MK11 3LW, UK
UKHW012027240726
13965UKWH00002B/630

9 782013 072908